LA FORMA MÁS RÁPIDA Y FÁCIL
DE APRENDER LO BÁSICO

CONTABILIDAD FINANCIERA PARA NO CONTADORES

WAYNE A. LBEL, CPA, MPA, PH.D.
JAVIER DE LEÓN LEDESMA, PH.D.

Diseño interno: CreateSpace

Apoyo Técnico: Milena Nozica

Diseño de cubierta: Brandon Unpingco y Antonio González Hernández.

Editado por Solana Dreams Publishing Company

Solana Beach, CA 92075
Contacto: 760-666-2900

ISBN-13: 978-0986099830
(Solana Dreams Publishing Company)
ISBN-10:098609983X

Wayne Label

Wayne Label es Doctor en Contabilidad por la Universidad de California (Los Ángeles) así como Contador Público Certificado. Es Licenciado en Ciencias Empresariales por la Universidad de California, Berkeley, en tanto que obtuvo su Master of Business y Doctorado por la Universidad de California, Los Ángeles (UCLA).

El Doctor Wayne Label ha impartido enseñanza en varias universidades de los Estados Unidos, tales como en dos universidades de Hawaii, UCLA, la Universidad de Nueva York y la Universidad de Nevada, la Universidad de Las Vegas, así como la Universidad de Georgetown y el Instituto de Desarrollo Internacional de Harvard. En el extranjero ha impartido docencia en países como Brasil, Bolivia, Perú, Chile, Tailandia, Alemania, Corea y México. Actualmente imparte docencia sobre el Fraude y la Ética en la Auditoría Contable en el programa de postgrado de la University of Maryland University College.

Ha escrito cuatro libros de contabilidad, destacando de entre ellos el libro titulado Accounting for Non-Accountants, que ha sido publicado en Estados Unidos (en tercera edición), Chile, Argentina, China y ahora, España. Recientemente ha publicado en los Estados Unidos el libro titulado Accounting for Medical Professionals and the Study Guide for Accounting for Non-Accountants. También ha publicado más de 40 artículos en revistas profesionales.

En cuanto a su experiencia profesional, cabe destacar que ha trabajado para Deloitte and Touche en Los Ángeles y Nueva York, así como asesorado a diversas grandes corporaciones.

Si lo desea, usted podría ponerse en contacto con los autores a través del correo electrónico del Dr. Wayne Label: AskDrL@LearnAcctgOnline.com

Javier de León Ledesma

Javier de León Ledesma es Doctor en Contabilidad del Departamento de Economía Financiera y Contabilidad de la Universidad de Las Palmas de Gran Canaria, ULPGC (España), donde imparte docencia en contabilidad financiera y análisis financiero de estados contables. Además, es Secretario del Instituto Universitario de Turismo y Desarrollo Económico Sostenible (TiDES) de la ULPGC, así como miembro de la Cátedra UNESCO de Planificación Turística y Desarrollo Sostenible de la ULPGC.

Ha escrito diversos libros y capítulos de libros en autoría y coautoría, así como publicado diferentes artículos en revistas científicas indexadas (y profesionales), en al ámbito nacional e internacional (Estados Unidos, Inglaterra, Colombia, México, Chile, Argentina y otros).

En la actualidad forma parte de diversos proyectos de investigación y de cooperación al desarrollo, colaborando con países como Estados Unidos, Australia, Colombia, Chile, México, Brasil, Cuba, Ecuador, Argentina, Senegal, Marruecos, Guinea Bissau y otros.

En relación a su experiencia profesional, antes de incorporarse a la ULPGC trabajó en el ámbito de la contabilidad y de la auditoría financiera.

Índice

Introducción

¿Qué es la Contabilidad? ¿Quién la necesita? ¿De qué forma beneficia a los negocios? Este libro responde a esas preguntas para todos aquellos que no son contadores.

La Contabilidad suministra información que ayuda a las personas que se dedican a la actividad empresarial, incrementando las posibilidades de tomar decisiones que beneficien a sus negocios. La Contabilidad es el lenguaje de los negocios y, como cualquier otro lenguaje, utiliza sus propios términos y reglas. Para usted, entender este lenguaje y aprender a interpretarlo es su primer paso para llegar a tener éxito en su propia empresa, así como en sus finanzas personales.

En su vida personal, usted puede recurrir a la información contable para la toma de decisiones con relación a cómo invertir en el mercado bursátil, solicitar un préstamo y analizar diversas ofertas de trabajo. Los bancos usan la información contable para tomar decisiones relativas a la concesión de créditos y préstamos. Las agencias gubernamentales basan las normativas que emiten en informaciones contables. La información contable puede ser útil también para entidades no gubernamentales en cuanto a cómo la actividad de las empresas afecta a las comunidades locales, nacionales o foráneas y a los miembros de esas comunidades. Las empresas utilizan la información contable para planificar y presupuestar la toma de decisiones relativas a la solicitud de préstamos y a la realización de inversiones. En términos generales, la contabilidad ayuda a las personas que se dedican a la actividad empresarial, en el proceso de tomar las mejores decisiones.

Los fundamentos básicos de la Contabilidad son siempre los mismos, independientemente del tamaño o el tipo de negocio de que se trate. En Contabilidad para no contadores, usted aprenderá los elementos contables básicos por medio de un pequeño negocio de zapatos imaginario, Zapatería Mauricio. En el caso de un negocio más complejo, las transacciones económicas se hacen más diversificadas y complejas, como lo es también el proceso de entregar dicha información a una variedad de usuarios. Los componentes fundamentales, sin embargo, no cambian. Este libro le suministrará una base sólida que le habilitará para su uso en cualquier situación contable en la que se encuentre.

Sea usted o no propietario de un negocio, incluso si nunca ha tenido ningún contacto con la Contabilidad y con los estados financieros, este libro es ideal para usted. Confiamos en que descubra que este libro le será de utilidad, ayudándole a entender la terminología contable y su empleo tal como ocurre en la vida real de los pequeños negocios y en la vida personal. Este libro constituye una excelente aportación para aquellos que desean enfrentarse a la lectura de documentos que requieren de una determinada formación contable.

1. ¿Qué es la contabilidad?

- **¿Qué es la contabilidad?**
- **Contabilidad y teneduría de libros.**
- **¿Quiénes utilizan la información contable?**
- **La responsabilidad en el manejo contable.**
- **Los estados financieros.**
- **Los estados financieros básicos.**
- **De qué forma presentan la información contable las empresas.**
- **Glosario de términos.**

¿Qué es la contabilidad?

El propósito de la contabilidad es aportar la información necesaria para que usted tome las decisiones correctas. Si es usted propietario de un negocio, la función de su contador es aportarle la información que usted necesita para hacerlo funcionar tan eficientemente como sea posible, logrando de forma simultánea la maximización de los beneficios y manteniendo sus costos bajos.

Consejo rápido

Cómo elegir un contador. Contratar a un buen contador, que sea un profesional ético, puede ser un factor crítico para el éxito de su empresa. Si debe contratar uno, reúnase con varios candidatos antes de llegar a una decisión final, de forma que usted conozca cuáles son sus opciones y seleccione a un contador cuya experiencia y estilo de trabajo se acomode a sus necesidades y a las necesidades de su negocio. Las sedes de las asociaciones profesionales de contadores que existan en su lugar de residencia pueden aportarle servicios de referencia que pueden orientarle con este propósito.

La contabilidad desempeña un rol central en negocios de cualquier tamaño. El puesto de venta de refrescos que pueda instalar su hijo pequeño; un negocio individual o una sociedad multinacional, todos usan los mismos principios contables básicos. Incluso el gobierno de su país desempeña su papel en relación a cómo la contabilidad le afecta a usted…, y la lista sigue y sigue.

La contabilidad es el lenguaje de los negocios. Es el proceso de registro, clasificación y síntesis de los acontecimientos económicos, presentados luego por medio de ciertos documentos denominados estados financieros o contables. Al igual que cualquier idioma, la contabilidad tiene normas y reglas propias. Para que usted pueda entender cómo interpretar y utilizar la información que la contabilidad entrega, debe comenzar por entender este lenguaje. La comprensión de los conceptos básicos de la contabilidad es esencial para el éxito de sus negocios.

Los diversos tipos de información que ha de suministrar el contador se muestran en el cuadro 1.1.

CUADRO 1.1

Tipos de información aportada por los contadores

- Información preparada exclusivamente para personas de la empresa (gerentes, empleados o propietarios) y para su propio uso.
- Información financiera requerida por las distintas agencias gubernamentales (Tribunal de Cuentas, Agencias Tributarias...).
- Información genérica suministrada a personas ajenas a la entidad, tales como inversores, acreedores, sindicatos laborales u otros.

Contabilidad y teneduría de libros

Se denomina *teneduría de libros* a la técnica de recopilar información originada en los negocios, clasificarla, sintetizarla y luego anotarla en registros especiales llamados *libros de contabilidad.* En la actualidad, los libros de contabilidad prácticamente no existen como tales, sino que toman la forma de registros mantenidos en CD, DVD, *pendrives*, MP3 o dispositivos similares, pese a lo cual mantienen su nombre originario de *libros*.

Los procedimientos para la teneduría de libros, para hacer los registros en ellos y para mantener la pista (trazabilidad) de las transacciones comerciales permiten luego la elaboración de los tres estados financieros básicos que existen en el mundo de las empresas y que son conocidos como Balance General o de Situación, Estado de Pérdidas y Ganancias (también llamado de Resultados) y el Estado de Flujos de Efectivo.

Prácticamente todos los procedimientos de teneduría de libros han sido sistematizados y, en la mayoría de los casos, pueden ser llevados con la ayuda de un ordenador. La teneduría de libros es una parte muy importante del proceso contable, pero representa sólo el comienzo de éste.

En los Estados Unidos no se requiere contar con título que habilite para poder llevar la teneduría de libros, pero, si se trata de publicar los estados financieros resultantes, tanto allí como en la mayoría de los países, se requiere que éstos sean firmados por un profesional con licencia especial para ello, que cuente con título que le habilite para tal función; lo mismo ocurre en la mayoría de los países latinoamericanos. En el caso de España tampoco se requiere contar con ningún título para poder llevar la contabilidad de una empresa; ahora bien, cuando se trata de publicar dicha información, se requiere la firma de los miembros del consejo de administración de dicha empresa. Otro ejemplo es Colombia, donde el contador público da fe pública mediante su firma en los estados financieros. Los estados financieros tambien estarán firmados por el representante legal.

Contabilidad es el proceso de preparar y analizar estados financieros basados en las transacciones que se han registrado mediante el proceso de teneduría de libros. La contabilidad va más allá de la teneduría de libros y del registro de la información económica, ya que comprende también el resumen y presentación de la información en una forma que permita y facilite la toma de decisiones dentro de la empresa.

¿Quiénes utilizan la información contable?

En el mundo de los negocios, la contabilidad desempeña un rol de mucha importancia en el momento de tener que tomar decisiones críticas. Mientras más compleja sea una decisión, más detallada debe ser la información que se utilice. Las personas individuales y las empresas requieren de distintos tipos de información para tomar sus decisiones.

Comencemos con usted, como persona. ¿Por qué podría estar interesada(o) en la Contabilidad? El conocimiento de la Contabilidad puede ayudarle si desea invertir en el mercado de capitales, solicitar un préstamo hipotecario, evaluar una oferta de trabajo, determinar el saldo de su cuenta bancaria e iniciar un plan de ahorros personal, entre otras cosas.

Los administradores de una empresa utilizan también la información contable para la toma de decisiones, aunque la mayoría de ellos no son contadores. Algunas de las decisiones que ellos podrían tomar y para las cuales utilizan la información contable se ilustran a continuación en el cuadro 1.2.

CUADRO 1.2

Áreas en las cuales los administradores usan la Información contable

- Marketing (¿qué línea de productos debería potenciar la empresa?).
- Producción (la empresa, ¿debería producir los bienes en el país o abrir una nueva planta en otro?).
- Investigación y desarrollo (¿cuánto dinero debería asignarse para el desarrollo de nuevos productos?).
- Ventas (la empresa, ¿debería incrementar su presupuesto en publicidad trasladando dinero de alguna otra parte dentro del presupuesto para marketing?).

Si no se cuenta con información contable adecuada, este tipo de decisiones sería muy difícil, incluso imposible, de tomar.

Los banqueros utilizan la información contable de forma continua. Su función consiste en pedirle dinero prestado a usted, y con él generar más dinero, de forma que deben estar absolutamente seguros de que están tomando las decisiones adecuadas. La contabilidad es fundamental para sus decisiones. El cuadro 1.3 muestra una visión de las decisiones que los banqueros deben tomar utilizando la información contable.

CUADRO 1.3

Áreas en las cuales los banqueros utilizan la información contable

- Concesión de préstamos a personas y a empresas.
- Inversión del dinero de los clientes.
- Fijación de tasas de interés.
- Cumplimiento de las regulaciones gubernamentales para proteger el dinero de sus clientes.

Cabe destacar también que las agencias gubernamentales basan sus regulaciones de control en la información contable que reciben.

La responsabilidad en el manejo contable

Los estados financieros de una empresa son de gran interés para aquellos terceros interesados en ellos. Los sindicatos podrían interesarse en el impacto que las decisiones financieras de la gerencia pueden tener en los trabajadores. Las comunidades locales pueden mostrar interés en cómo las decisiones financieras empresariales (por ejemplo, despidos o cierre de plantas) impactarán en sus ciudadanos.

El proceso de trasladar la información contable a los diversos usuarios de la misma se caracteriza por su enorme complejidad. Que los informes financieros sean más comprensibles para todos los usuarios tiende, al mismo tiempo, a hacerlos más complejos. Esto es particularmente cierto a partir de la adopción prácticamente universal de las International Financial Reporting Standards (IFRS) o, en su versión en castellano, Normas Internacionales de Información Financiera, NIIF (también

NIIC). Este nuevo cuerpo de normas financieras, ya en uso en gran cantidad de países y de próxima implementación en muchos otros, tiene como propósito lograr que los informes financieros de una empresa sean comprensibles para cualquier *stakeholder* (tercero interesado), independientemente de en qué lugar geográfico estén una y otro.

Las NIIF constituyen el núcleo fundamental de la información contable a emitir por las empresas de todo el mundo, por lo que cualquier entidad de negocios podría presentar sus estados contables recurriendo solamente a las mismas. Sin embargo, hasta el momento, sólo los países pequeños o con escasa tradición contable han optado por poner en vigor, sin posterior elaboración, las NIIF. La totalidad de los países desarrollados han optado por valerse de ellas para modificar sus propias normas.

Un sólido conocimiento de la contabilidad es útil, tanto para personas individuales como para administradores o propietarios de empresas que toman sus decisiones basándose en la información que proporcionan los documentos contables.

Los estados financieros

Los contadores aportan información para los usuarios, usando para ello reportes (informes) que reciben el nombre de *estados financieros*.

Los estados financieros se emiten por lo menos una vez al año. Sin embargo, las exigencias propias de la dinámica actual de negocios bien pueden requerir que la información contable básica esté disponible *en línea* para los administradores de las empresas, sin perjuicio del requerimiento de estados financieros completos con frecuencia trimestral o incluso mensual.

Un conjunto de reglas denominado Principios de Contabilidad Generalmente Aceptados gobiernan la preparación de los estados financieros. Los Principios de Contabilidad Generalmente Aceptados (GAAP en su versión en inglés, y PCGA en su versión en castellano) han sido definidos como un conjunto de objetivos y principios que rigen la preparación y presentación de los estados financieros. A este respecto, debe tenerse presente lo señalado precedentemente en cuanto a las IFRS o NIIF, las cuales deben aplicarse cuando los estados financieros que se están elaborando van a ser utilizados por terceros interesados pertenecientes a otros países e, incluso, para terceros interesados nacionales pero que deseen extraer información ya asimilada a los estándares contables a nivel nacional y/o internacional.

Los PCGA se encuentran en documentos emitidos por las entidades representativas de la contabilidad para cada país. En el caso de España, por ejemplo, es el Instituto de Contabilidad y Auditoría de Cuentas (ICAC), organismo adscrito al Ministerio de Economía y Hacienda, quien tiene la competencia en esta materia, ya que para el caso español, la planificación contable tiene carácter gubernamental, a diferencia de otros países como Estados Unidos, por ejemplo, donde los documentos emanan de organismos privados, como es el American Institute of Certified Public Accountants (AICPA) o el Financial Accounting Standards Board (FASB). Cierto es también que los países que siguen una planificación contable gubernamental (como es España, Italia, Francia, Portugal y otros) tienen presentes los documentos emitidos por el AICPA o el FASB.

Los estados financieros básicos

Los estados financieros básicos incluyen el balance general (o balance de situación), el estado de ingresos y gastos (o cuenta de pérdidas y ganancias), el estado de flujos de efectivo (o cash-flow), y el estado de cambios en el Patrimonio Neto (también llamado de cambios en los beneficios retenidos o acumulados). En los próximos capítulos efectuaremos una mirada más detenida a cada uno de estos estados para ver de qué forma interactúan entre sí. En la medida en que vayamos discutiendo los estados financieros, usted se dará cuenta de que no son tan complicados como podría haber pensado que serían. Muchos de los conceptos que los rigen le resultarán ya familiares.

En el apéndice C de este libro podrá ver un caso real; para ello presentamos como ejemplo los estados financieros de la empresa Coca-Cola.

En el apéndice A, Internet para contadores, se describen mediante una lista diferentes enlaces a páginas web nacionales e internacionales relacionadas con la contabilidad y la auditoría.

En el apéndice B de este libro se ponen de manifiesto una serie de preguntas frecuentes sobre Contabilidad, con su correspondiente respuesta. Estas preguntas y sus respuestas van apareciendo también a medida que se avanza en la lectura del libro.

El balance general es el estado que presenta los activos que la empresa posee (definidos como *los bienes y derechos que le permitirán ingresos actuales o futuros*) y los pasivos (definidos como *pasivos exigibles;* esto es, las deudas y compromisos que la empresa ha contraído con terceros).

El estado de ingresos y gastos muestra, por una parte, todos los ingresos que la empresa ha recibido en el período cubierto por dicho estado, como también los gastos en que ha incurrido en ese mismo lapso para obtener esos ingresos. Si se toma el total de los ingresos y se resta el total de los gastos, se llega al *resultado del ejercicio,* que puede ser un beneficio o una pérdida.

El estado de flujos de efectivo muestra con qué cantidad de efectivo se iniciaron las operaciones, qué cobros y pagos se efectuaron durante el período y cuánto es el efectivo remanente al finalizar el mismo.

El estado de cambios en los beneficios retenidos muestra cómo ha cambiado el saldo de los beneficios retenidos durante el período de tiempo (sea anual, trimestral o mensual) al cual correspondan los estados financieros del caso. Normalmente hay sólo dos tipos de acontecimientos que harán cambiar el saldo inicial: 1) La compañía ha logrado beneficios, lo cual generará un incremento en los beneficios acumulados, o la empresa experimentará una pérdida, lo que hará disminuir los beneficios acumulados, y 2) Los propietarios de la empresa retirarán fondos, lo cual hará disminuir el saldo, o invertirán más dinero en el negocio, incrementando así el saldo.

Ninguno de estos estados financieros, de forma aislada, puede contar la historia de la empresa en su conjunto. Tenemos que aprender a leer, entender y analizar estos estados en su conjunto para poder tomar cualquier tipo de decisión en la empresa. Además de los estados financieros, debemos conocer el sector en el cual opera la empresa y la situación de la economía en general.

En cuanto a la forma de constitución de las empresas, si bien existen diversas tipologías, en general conviven dos tipos distintos, que son las empresas unipersonales, o con propietario único, y las sociedades anónimas.

De qué forma presentan la información contable las empresas

Las entidades unipersonales son empresas donde el dueño es una sola persona, como usted o yo. Estos tipos de negocios tienden a ser de pequeños empresarios que inician actividades como emprendedores. La gran mayoría de las empresas pequeñas se inician con un solo propietario. Estas compañías están en manos de una sola persona, quien normalmente es responsable de las operaciones diarias para su funcionamiento. Los propietarios únicos poseen todos los valores de la empresa y las ganancias generadas por ésta. También asumen la responsabilidad total por cualquiera de los pasivos o deudas. La contabilidad que llevan estas empresas incluye sólo los registros del propio negocio, no los registros financieros del dueño como persona.

¡Alerta!

No mezcle y combine. Los estados financieros del propietario como persona nunca deben mezclarse con los correspondientes al negocio. Son entes independientes que necesitan ser considerados de forma aislada. Tomar dinero prestado de una de estas dos entidades (del negocio, por ejemplo) obliga a que ambos reconozcan la transacción que se ha efectuado.

Las sociedades anónimas son entidades donde dos o más personas comparten la propiedad de un solo negocio o empresa. Estos propietarios pueden tomar parte en la dirección de la empresa o no. Muchos de estos accionistas son simples ciudadanos que invierten dinero en estas sociedades mediante las acciones de capital que han comprado.

En una sociedad anónima, una persona se convierte en propietario mediante la compra de acciones de capital, transformándose en un accionista. Los accionistas pueden tener o no derecho a voto en las decisiones que afectan a la empresa a largo plazo, dependiendo del tipo de acción que hayan comprado. Además, por el hecho de ser simplemente un accionista, no se adquiere derecho a la toma de decisiones en las operaciones del día a día. Estos inversionistas (o accionistas comunes) no se diferencian mucho de un banquero que hace préstamos a una empresa o a una sociedad anónima. Estos banqueros tienen un interés financiero en las operaciones de la empresa, pero no tienen poder de decisión en las cuestiones gerenciales cotidianas. Al igual que en los otros dos tipos de organización empresarial, en este caso también los registros contables de la sociedad anónima se llevan de forma separada respecto de aquellos correspondientes a los accionistas comunes o propietarios.

Los registros contables de las empresas unipersonales son menos complejos que los correspondientes a sociedades anónimas, dado que existe una estructura de capital muy simple y un solo propietario. En el caso de las sociedades anónimas, están los accionistas, quienes adquieren una parte de la propiedad de la empresa, mediante la adquisición de las acciones comunes que conforman su capital. Tal y como discutiremos más adelante, debido a la propiedad de la sociedad en manos de cada accionista, los estados financieros se hacen más complejos. Algunas de las diferencias y semejanzas básicas entre estos tipos de empresas se muestran en el cuadro 1.4.

CUADRO 1.4

Diferencias y semejanzas entre estas clases de empresas

Tipo de empresa	Número de propietarios	Registros contables	El propietario tiene responsabilidades en la gestión
Empresas Unipersonales	1	Obligatorios	Sí (Responsabilidad Limitada)
Sociedades Anónimas	2 ó más	Obligatorios	Sí (Responsabilidad Limitada)

En este capítulo usted ha aprendido qué es la contabilidad; por qué usted y otras personas que quieren llevar o llevan una actividad empresarial necesitan comprenderla, para qué usan la contabilidad las entidades comerciales, y cuáles son los estados financieros básicos utilizados en estas empresas.

En el capítulo 2 aprenderá los principios prácticos y éticos que los contadores aplican de forma habitual.

GLOSARIO DE TÉRMINOS

Comité de Principios de Contabilidad Financiera (FASB). Este comité establece las normas contables que deben aplicarse en los Estados Unidos para la preparación de los estados financieros. Se estima que todos los principios o normas emitidas por el FASB pasan a ser Principios de Contabilidad Generalmente Aceptados dentro de los Estados Unidos y otros países que apliquen esa normativa. Esta situación ha variado desde la introducción y aplicación de las NIIF, Normas Internacionales de Información Financiera (o IFRS, según acrónimo en inglés).

Contabilidad. Proceso de registro, clasificación y síntesis de acontecimientos económicos mediante los cuales se concluye en la preparación de estados tales como el balance general, el estado de ingresos y gastos y el estado de flujos de efectivo.

Empresas unipersonales o de propiedad única. Son negocios que tienen un propietario único. Sin embargo, pese a la existencia de un solo propietario, los registros de los asuntos financieros personales del dueño se llevan de forma separada e independiente de los registros de la entidad comercial. Igualmente deben prepararse declaraciones de impuestos separadas para la empresa y para el dueño.

Estados financieros. Son los informes preparados por las empresas respecto del estado financiero del negocio. Ejemplos de ellos son el balance general o de situación, el estado de ingresos y gastos, el estado de flujos de efectivo y el estado de cambios en los beneficios retenidos.

Instituto Estadounidense de Contadores Públicos Certificados (AICPA). Es la organización profesional a la que pertenecen los Contadores Públicos Certificados de los Estados Unidos. El AICPA es la entidad a cargo de los exámenes para la obtención del título de Contador Público Certificado (CPA), la promulgación y vigilancia de cumplimiento del Código de Ética profesional y la emisión de las normas de contabilidad.

Principios de contabilidad generalmente aceptados. Son las normas que gobiernan la elaboración de los estados financieros. En los Estados Unidos, estas normas son emitidas por el Instituto Estadounidense de Contadores Públicos Certificados, el Comité de Normas de Contabilidad Financiera y la Comisión de Intercambio de Valores Negociables (SEC). A nivel internacional y como se ha dicho, están vigentes o en vías de implementación, las IFRS, que son las normas internacionales de aplicación general. Independientemente de ello, cada país tiene normas locales de contabilidad financiera para uso interno, si bien tienen presentes los documentos emitidos por el AICPA o el FASB.

Sociedades anónimas. Las sociedades anónimas son entidades constituidas por uno o más accionistas, donde dos o más personas comparten la propiedad de un solo negocio o empresa. Estos propietarios pueden tomar parte en la dirección de la empresa o no. Muchos de estos accionistas son simples ciudadanos que invierten dinero en estas sociedades mediante las acciones de capital que han comprado. En una sociedad anónima, una persona se convierte en propietario mediante la compra de acciones de capital, transformándose en un accionista.

2. Los principios de contabilidad generalmente aceptados

- **¿Qué son la SEC, el AICPA, el FASB y el IASB?**
- **El IASB y las Normas internacionales de Información Financiera**
- **Requisitos básicos que han de cumplir los estados financieros.**
- **El concepto de identidad.**
- **Principios de contabilidad generalmente aceptados.**
- **El concepto de valor de realización.**
- **Glosario de términos.**

Es importante que usted entienda los principios de contabilidad generalmente aceptados (PCGA), los cuales forman la base de la contabilidad y son parte del lenguaje de la contabilidad y de los negocios. La implementación de las NIIF o IFRS no implica la eliminación de los PCGA, sino que son un avance respecto de éstos e incluyen modificaciones, en algunos casos sustantivas, pero en la mayoría de los aspectos se mantiene lo establecido por los PCGA. Por tanto, una buena comprensión del material contenido en este libro le permitirá entender de forma más fácil el contenido específico de los temas que son examinados o modificados por las NIIF.

Este capítulo presenta las entidades responsables de la estandarización de los principios de contabilidad que son utilizados en Estados Unidos (y aplicados también en otros países,) y describirá los más importantes con todos sus detalles. Una vez que usted comprenda estos principios orientadores, habrá obtenido sólidos fundamentos que le permitirán estructurar un completo conjunto de habilidades contables. Ya sea que usted se enfrente a una empresa internacional que reporta sus estados financieros a sus accionistas, o a una persona dueña de su propia empresa que presenta sus estados financieros a un banco, es útil y necesario que estos reportes se ajusten a un conjunto consistente de reglas que todos puedan comprender y estar de acuerdo en ellas.

¿Qué son la SEC, el AICPA, el FASB y el IASB?

El Congreso de Estados Unidos creó la Securities and Exchange Commission, SEC, en 1934. Al crearla se le confirió la potestad legal de emitir los principios y prácticas contables que debían ser aplicados por las empresas que quedaran bajo su jurisdicción. Hablando en términos generales, las entidades quedan bajo la jurisdicción de la SEC cuando emiten valores negociables que se venden al público, registran los valores que emiten en cualquiera de las bolsas de valores [Bolsa de Valores de Nueva York (NYSE)], o la Bolsa de Valores Estadounidense (Amex), o cuando sobrepasan un determinado tamaño establecido para los activos (Assets) o número de accionistas. Luego, a partir de 1934, la SEC ha mantenido la potestad de emitir las reglas oficiales de las prácticas contables que deben ser observadas por casi todas las empresas de tamaño significativo.

En cambio y en forma mayoritaria, la SEC asignó al AICPA la responsabilidad de identificar o especificar los PCGA. Este rol ahora ha sido transferido al FASB. Toda normativa emitida por el FASB es considerada como un PCGA. El FASB se encuentra actualmente trabajando en un proyecto con la Comisión de Normas Internacionales de Contabilidad Financiera, para facilitar a las empresas sus procesos de emisión de estados financieros, de forma que no sea necesario emitir estados financieros separados y especiales para Estados Unidos y para los mercados internacionales. Éste es exactamente el rol que persiguen las IFRS o NIIF.

Toda empresa estadounidense debe adoptar las recomendaciones provenientes de la FASB o de la SEC, a menos que pueda identificar y adoptar una práctica alternativa que cuente con «sustancial soporte de autoridad». Incluso en aquellos casos en que la entidad pueda contar con ese sustancial soporte de autoridad para la práctica contable en uso y que difiere de aquellos recomendados, ésta debe incluir una nota al pie de los estados financieros (o en el informe de auditoría), en la cual deje constancia de que las prácticas utilizadas no corresponden a las recomendadas por los PCGA. En cada caso que sea aplicable, la empresa debe explicar de qué forma sus estados financieros variarían si hubiese aplicado los Principios de Contabilidad Generalmente Aceptados.

El IASB y las Normas Internacionales de Información Financiera

El Comité de Normas Internacionales de Contabilidad (International Accounting Standards Committee, IASC) tiene su origen en 1973 y nace del acuerdo de los representantes de profesionales contables de varios países (Alemania, Australia, Estados Unidos, Francia, Holanda, Irlanda, Japón, México y Reino Unido) para la formulación de una serie de normas contables que pudieran ser aceptadas y aplicadas con generalidad en distintos países con la finalidad de favorecer la armonización de los datos y su comparabilidad.

Las normas de contabilidad emitidas por el IASC se denominan Normas Internacionales de Contabilidad (NIC; en inglés, International Accounting Standards, IAS). Las NIC son un conjunto de normas que establecen la información que deben presentarse en los estados financieros y la forma en que esa información debe aparecer en dichos estados, para estandarizar la información financiera presentada por los mismos. Constituyen los Estándares Internacionales o normas internacionales en el desarrollo de la actividad contable y suponen un manual contable, ya que en ellas se establecen los lineamientos para llevar la Contabilidad de la forma como es aceptable en el mundo.

A comienzos del 2001 el IASC fue reestructurado en el IASB. Sustituyendo el antiguo IASC en la emisión de normas contables, el IASB fue creado en abril del 2001. Depende de la Fundación IASC (IASCF) y tiene sede en Londres, siendo su principal objetivo el establecimiento de una información financiera armonizada, recayendo en él la responsabilidad de aprobar las Normas Internacionales de Información Financiera (NIIF; en inglés, International Financial Reporting Standards, IFRSs) y demás documentos relacionados con ellas como son las Interpretaciones desarrolladas por el Comité de Interpretaciones de las Normas Internacionales de Informacion Financiera (CINIIF) (International Financial Reporting Interpretations Committee (IFRIC).

El término Norma Internacional de Información Financiera (NIIF) tiene un estrecho y un amplio sentido. En sentido estricto, las NIIF se refieren a la nueva serie numerada de normas que emite el IASB, a diferencia de las Normas Internacionales de Contabilidad (NIC), serie emitida por su predecesor (el IASC). Desde abril de 2001, año de constitución del IASB, este organismo adoptó todas las NIC y continuó su desarrollo, denominando a las nuevas normas "Normas Internacionales de Información Financiera" (NIIF).

En virtud de la Constitución del IASCF los objetivos del IASB son: i) desarrollar, buscando el interés público, un único conjunto de normas contables de carácter global que sean de alta calidad, comprensibles y de cumplimiento obligado, que requieran información de alta calidad, transparente y comparable en los estados financieros y en otros tipos de información financiera, para ayudar a los participantes en los mercados de capitales de todo el mundo, y a otros usuarios, a tomar decisiones económicas; ii) promover el uso y la aplicación rigurosa de tales normas; iii) cumplir con los objetivos asociados con (a) y (b), teniendo en cuenta, cuando sea necesario, las necesidades especiales de entidades pequeñas y medianas y de economías emergentes; y, iv) llevar a la convergencia entre las normas contables nacionales y las Normas Internacionales de Contabilidad y las Normas Internacionales de Información Financiera, hacia soluciones de alta calidad.

Es de reconocer la labor realizada por las Normas Internacionales de Información Financiera en cuanto a la ayuda que ha prestado a la armonización de la información financiera en el mundo. En este sentido, gran parte de las instituciones tanto públicas como privadas han acogido estas normas, marcando la pauta para hablar un lenguaje financiero y contable común a nivel mundial.

Requisitos básicos que han de cumplir los estados financieros

Los requisitos básicos que deben cumplir los estados financieros son: que la información suministrada sea relevante, fiable, comprensible, suficiente y de utilidad práctica, para que pueda considerárseles útiles.

Información relevante

La información relevante es aquella que ayuda a los usuarios de los estados financieros a estimar el valor de la empresa y/o a evaluar si la entidad está siendo bien administrada o no. Los estados financieros deben ser presentados en términos de unidades monetarias, dado que el dinero es nuestro vehículo estándar para determinar el valor de una empresa.

En Estados Unidos, como en la mayoría de los países del mundo, los contadores utilizan algún modelo que permita aplicar valores monetarios estables, lo que significa que, cualesquiera que sean los cambios que experimente el valor de la moneda a lo largo del tiempo (por efectos de la inflación), los valores reflejados en los estados financieros mantendrán la estabilidad del costo histórico (precio de adquisición). Los costos históricos presentan la información que aparece en los estados financieros en los términos en que los individuos o las empresas pagaron por ellos, u ofrecieron devolver —en los casos de préstamos— a la fecha de la respectiva compra. Este método de contabilidad ignora los efectos de la inflación. Sin embargo, en muchos países alrededor del mundo, la profesión contable ha creado mecanismos que permiten considerar el efecto de la inflación en los componentes de los estados financieros, especialmente si la inflación llega a cifras anuales significativas.

¡Alerta!

Cambios en los procedimientos de trabajo. Como parte del proyecto de convergencia implícito en la implementación de las NIIF o IFRS del que se ha hablado precedentemente, la FASB inició el proceso de transición desde el principio de costo histórico (precio de adquisición), al de «cos-te razonable» (fair value). De acuerdo al costo razonable, los activos deben mostrarse en estados financieros a su valor de reemplazo, o a su valor de tasación. Esto resulta usualmente en un valor más alto que el que entrega el costo histórico o valor pagado por la empresa por sus activos. Muchos contadores puntualizan que este valor refleja mucho más adecuadamente el real valor de los activos que aparecen en el balance general.

No toda la información relativa a una empresa es relevante para estimar su valor o para evaluar el desempeño de sus directivos. Por ejemplo, para tomar decisiones financieras respecto de una empresa, usted no necesita saber cuántos individuos de más de cuarenta años trabajan para la entidad, o de qué color está pintada la maquinaria que utiliza. Incluso alguna información financiera no es relevante, como, por ejemplo, cuánto dinero tiene en el banco el dueño de una sociedad porque, tal como señalamos en el capítulo 1, los registros contables del dueño de una empresa se llevan de forma separada e independiente de los registros de la empresa, de modo que la información financiera del dueño es irrelevante para el negocio.

Información fiable

La fiabilidad de la información contenida en los estados financieros es clave para los efectos contables. Debe haber evidencia objetiva y suficiente disponible para indicar que la información que se presenta es válida. Adicionalmente, la información no debe estar sesgada a favor de ningún usuario en especial, o grupo de usuarios, en detrimento de algunos otros interesados en esos estados financieros. La necesidad de contar con información financiera fiable ha llevado a que el gobierno de Estados Unidos apruebe leyes requiriendo que las sociedades anónimas abiertas (aquellas que transan valores negociables en el mercado) presenten sus registros y estados financieros auditados y firmados por una empresa de auditoría independiente, lo que permitirá que la información financiera contenida en los reportes de las compañías sea precisa. Éste será el tema a desarrollar en el capítulo 11.

Información verificable

La necesidad de contar con información financiera verificable no excluye el uso de estimaciones y aproximaciones. Si hubiese que eliminar de la contabilidad todas las estimaciones, los estados financieros resultantes no serían útiles porque no aportarían información suficiente. No obstante, las aproximaciones a utilizar no pueden ser del tipo «adivinanzas burdas»; deben estar basadas en evidencia suficiente de tal forma que los estados financieros resultantes presenten un soporte confiable a los efectos de evaluar a la empresa y a la administración.

Un ejemplo de ítems en los estados financieros en que se aplican estimaciones de valores corresponde a la depreciación. Una vez que se ha adquirido un activo de larga vida útil (cualquier activo que una empresa adquiera y cuya vida útil sea superior a un año; un edificio, por ejemplo), se hace necesario distribuir el costo del activo a lo largo de su vida útil. A esto se le llama «depreciación». A fin de hacer el cálculo respectivo, debe comenzarse por estimar la vida útil de ese activo en particular. No podemos saber a ciencia cierta su duración, pero, ya que tenemos experiencia con este tipo de activos, podemos hacer la estimación. Asumimos que un edificio estará en servicio por, digamos veinte años, con lo cual distribuiremos el costo del activo (depreciación del edificio) a lo largo de 20 años (vida útil estimada). Por ejemplo, si compramos este edificio en 100.000 dólares y asumimos que su duración será 20 años, la depreciación anual será 5.000 dólares (100.000 dólares/20 años). Estos 5.000 dólares se considerarán un gasto para la empresa y aparecerán en el estado de ingresos y gastos, junto con los demás gastos. Entraremos en más profundidad en este tema en el capítulo 4.

Información comprensible

Para que la información financiera sea comprendida debe ser comparable. Si cualquier ítem del balance general es denominado como activo o pasivo por un contador, los usuarios de los estados financieros deben denominarlo también activo o pasivo. Los usuarios de los estados financieros de diversas empresas deben poder comparar estos estados unos con otros, de la misma forma que debieran poder comparar los estados financieros de una empresa en particular con otros anteriores de la misma entidad, a fin de tomar decisiones válidas. Por tanto, las prácticas contables que una empresa utiliza para alguna transacción en particular, deben ser las mismas que las que utilizan las demás empresas para la misma transacción. Esta práctica debe, asimismo, ser idéntica a la utilizada por la entidad en períodos anteriores. Este concepto se denomina consistencia. Aglutinando estos elementos, la información que es comparable y consistente se transforma en comprensible para los usuarios de la información financiera.

Información cuantificable

Es más fácil entender y utilizar la información financiera si ésta está cuantificada. La mayor parte de la información que utilizan los contadores y los usuarios de los reportes financieros está representada por números. La información reflejada en los estados financieros se presenta en forma numérica. Sin embargo, cuando ello resulta imposible, la información (si es que resulta ser relevante, confiable, comprensible y obtenible de forma práctica) será presentada en forma narrativa, como notas a pie de página de los estados financieros (como ocurre con países como Estados Unidos, Chile...), o mediante la presentación de un estado adicional al conjunto de estados que hemos denominado básicos (como es el caso por ejemplo de España, donde para tal finalidad existe el documento denominado Memoria). Los contadores incluyen información narrada junto con información cuantificable para satisfacer la necesidad de aportar revelaciones adecuadas y completas; los usuarios deben contar con información suficiente acerca de las empresas.

Un ejemplo de información no cuantificable que debe incluirse en las notas a pie de los estados financieros sería la correspondiente a los detalles de un litigio en contra de la empresa por infracción en el uso de patentes y que se encuentre aún pendiente. Esto dará lugar a la inclusión de un pasivo contingente.

Información obtenible

Además de lo señalado, la información debe ser razonablemente fácil de obtener. Esta condición se ajusta al concepto de costo-beneficio. La información debe proporcionar un valor superior al costo de obtenerla y debe ser asegurada sobre la base de algún período de tiempo. Aunque los estados financieros deben ser preparados al menos una vez cada año, en forma trimestral o mensual, como se ha dicho, en la actualidad deben estar permanentemente disponibles en línea. Debe tenerse presente que el intento de obtener información no disponible puede ocasionar serios retrasos en los plazos previstos.

Un ejemplo de información obtenible es la cantidad de acciones vendidas por una sociedad anónima durante un año. Otra ilustración sería el importe de las ventas realizadas por una empresa durante un año. Un ejemplo de información que pudiera no ser obtenible serían los detalles más delicados de los sistemas de un plan de pensiones utilizado por una sociedad multinacional en cada una de sus subsidiarias. Una pieza de información más razonablemente susceptible de ser obtenida es el importe total de dinero que esta sociedad está gastando en su fondo de pensiones a través del mundo.

El concepto de Identidad

Las transacciones de las subsidiarias de una empresa multinacional deben reflejarse de forma individualizada. Esta idea se denomina concepto de identidad. A pesar de que cada fin de año los registros de todas las subsidiarias deben ser consolidados (resumidos) en un solo estado financiero global, los registros y transacciones de cada subsidiaria se mantienen en forma individual durante el año. Este mismo principio de identidad obliga a separar los beneficios que obtenga una empresa del que obtengan sus dueños, incluso en los casos de empresas unipersonales en los cuales los beneficios de la empresa constituyen todos los ingresos de su dueño.

Principio de empresa en funcionamiento

Está normalmente asumido que una empresa continuará su actividad en el futuro. Este concepto se denomina principio de empresa en funcionamiento. Deben realizarse muchas estimaciones con el objetivo de completar el proceso de presentación de los estados financieros (por ejemplo, la depreciación de un activo a lo largo de su vida útil), de tal manera que si no asumimos que la empresa continuará en funcionamiento durante un futuro indefinido, no podremos hacer uso de esta información.

La alternativa al principio de empresa en funcionamiento es asumir que el empresario planea liquidar el negocio. Cuando se tiene constancia de que la empresa se encuentra en esta situación, se aplicará otro conjunto de principios y reglas. En general, cuando una empresa se liquida, los activos de la empresa deben ser presentados al precio que permita liquidarlos más rápidamente. Por regla general, este importe se situará por debajo del valor que aparece en el balance general, puesto que se venderán a precio de liquidación.

Concepto de valor de realización

Los activos de una empresa se muestran normalmente a coste histórico o a una cantidad por la cual los activos pueden venderse a un coste menor del coste histórico. Por ejemplo, si una empresa tiene una cifra final de existencias de mercaderías en inventario de 100.000$ (coste histórico) , pero en realidad, debido a la economía, a la competencia o a las nuevas tecnologías disponibles, hoy tiene un valor en el mercado de tan solo 80.000$, este activo debe mostrarse en el balance con un valor de 80.000$. En la parte dedicada al principio del conservadurismo (prudencia) se explica con más claridad este punto. Una excepción a esta regla son los valores negociables (stocks), puesto que estos activos se muestran en el balance al precio actual de mercado.

El principio de materialidad

La información de los estados financieros debe ser tan simple y concisa como sea posible. Un ítem es considerado material cuando su inclusión o exclusión en los estados financieros influye en la decisión del usuario del estado financiero. Una de las reglas generales en contabilidad establece que cualquier ítem cuyo valor equivalga al 10 por ciento de los ingresos netos de la empresa será considerado material y deberá ser declarado en el estado financiero. No se puede determinar una cantidad concreta; lo relevante es determinar si la cantidad en cuestión cambiará la decisión del usuario. Este concepto es lo que se conoce como principio de materialidad.

Los ítems inmateriales no deberían aparecer de forma independiente. En el caso de aparecieran en los estados financieros, restarían importancia a los ítems relevantes y de interés para el lector. Por esta razón, en algunos casos, muchos ítems inmateriales deberían agruparse bajo el nombre de «gastos varios» o podrían añadirse a otros ítems materiales, de tal manera que el conjunto pudiera adquirir la condición de material.

Test rápido

El propietario de una empresa decide revalorizar el valor de su terreno, que le costó 10.000 dólares hace diez años, y que hoy, por quedar en una ubicación privilegiada, ha sido tasado en 40.000 dólares. ¿Debería ser mostrado en el balance general al precio de 10.000 o de 40.000 dólares?

[Véase la respuesta en página 28]

Principio de prudencia

Otra práctica común empleada por los contables para guiarse en la preparación de los estados financieros es la que se rige por el denominado principio de prudencia. Cuando dos o más prácticas contables parecen ser igualmente apropiadas para el registro de una transacción concreta, el contable debería elegir que evite ser demasiado optimista respecto de los hechos contables. Este principio de contabilidad es muy controvertido, puesto que por el hecho de ser conservadores, podemos estar violando otros principios generalmente aceptados tales como la consistencia. Además, a menudo surge la siguiente pregunta: ¿por qué considerar que es mejor el valor más bajo si el valor más alto representa con más exactitud el valor real del activo?

Como ejemplo de la aplicación del principio de prudencia se puede hacer referencia a la presentación de inventario en el balance general. Existen diferentes métodos generalmente aceptados que permiten asignar un determinado valor al inventario. El contable debería elegir aquél que muestre el valor más bajo del inventario para no caer en una sobrevaloración de este activo concreto.

Sin embargo, el principio de prudencia se aplica de forma incorrecta cuando el contable elige una práctica en lugar de otra menos apropiada para la situación, con el único propósito de reportar activos más bajos y pasivos más altos.

PCGA y la pequeña empresa

Los propietarios de la pequeña empresa han estado pidiendo alternativas a los PCGA (Principios de Contabilidad Ceneralmente Aceptados) durante mucho tiempo. La sensación que predomina entre los pequeños empresarios es que los PCGA empleados para las empresas públicas son inútiles para los pequeños empresarios y son muy difíciles y caros de aplicar. Según algunas opiniones, la solución sería crear un conjunto de normas diferentes para las empresas privadas que tenga en cuenta sus necesidades concretas.

El FASB valoró estas opiniones y formó una comisión en septiembre del 2006 para investigar las diferencias que existían en la elaboración de informes y en la contabilidad entre la empresa pública y la empresa privada. Se llegó a la conclusión de que el objetivo final era ofrecer a los pequeños empresarios una mayor capacidad de decisión en el establecimiento de normas contables, en lugar de crear dos grupos individuales. La comisión decidió que la existencia de dos clases distintas de PCGA no beneficiaba al interés general, puesto que no solamente confundiría al público, sino que podría provocar que uno de los dos grupos de normas estuviese dotado de más autoridad que el otro.

Normas Internacionales de Información Financiera (NIIF)

Las Normas Internacionales de Información financiera son normas emitidas por la Junta de Normas Internacionales de Contabilidad International (IASB), cuya sede se encuentra en Londres. La Junta tiene el objetivo de crear un conjunto de normas de contabilidad internacionales que sean transparentes, vinculantes, comprensibles y de alta calidad. En la actualidad, más de 100 países utilizan o se coordinan con las NIIF. Esta Junta y las normas que han aprobado son muy importantes para el futuro de la contabilidad. Dado que la globalización sigue conectando diferentes empresas a lo largo y ancho del planeta, la estandarización de unas normas que permita a los inversores comparar las empresas ha adquirido más importancia. Así, para una empresa que realiza negocios en diferentes países, resultará mucho más rentable presentar un único conjunto de estados financieros que sea comprendido en esos países, antes que aplicar los principios de contabilidad de cada país.

Las NIIF sitúa a todas las empresas de los distintos países en un mismo plano, una vez que todas ellas deben presentar sus datos financieros de forma coherente y fidedigna. De esta manera, los resultados financieros de las empresas podrán compararse con mucha más facilidad.

Diferencias entre los PCGA de Estados Unidos y las NIIF

La diferencia más remarcables entre los PCGA de Estados Unidos y las Normas Internacionales de Contabilidad (NIC) radica en que las primeras están basadas en reglas, mientras que las segundas están basadas en principios. Esto significa que los PCGA han desarrollado un sistema complejo de reglas que pretenden regular cada situación que ocurra o pueda ocurrir; a menudo, ocultando la realidad económica. Estas reglas se recogen en un conjunto de directrices de 5 volúmenes, mientras que las normas internacionales se recogen en un único libro.

El sistema contable basado en principios fomenta que los consejos de administración y los contables de las empresas hagan lo que consideran más apropiado, permitiéndoles informar sobre lo que es correcto para el usuario, en lugar de informar en base a un conjunto de reglas preestablecidas. Los PCGA de Estados Unidos destinaron una cantidad significativa de dólares a la titulización de activos y pasivos financieros con el fin de eliminarlos de los libros de las firmas financieras de Estados Unidos, mientras que las normas internacionales, más interesadas en la realidad económica subyacente, mantuvo estos elemntos en los libros de las firmas establecidas fuera de los Estados Unidos.

La próxima reforma de las normas internacionales, realizada por las empresas de Estados Unidos, va a significar un enorme cambio para las empresas estadounidenses en materia de dólares y metodología. Si bien habrá cierta ambigüedad en lo relativo a la presentación de información, el contable tendrá que explicar por qué se han usado ciertas normas de información, con el fin de garantizar una mayor exactitud.

Algunas de las áreas específicas que diferencian las normas de Estados Unidos de las internacionales, incluyen:

- Combinación de negocios
- Presentación de estados financieros
- Prestaciones por jubilación
- Contabilización de ingresos
- Pasivos y patrimonio neto
- Activos intangibles
- Arrendamientos
- Valoración del activo

En este capítulo usted ha aprendido sobre los Principios Contables Generalmente Aceptados en los Estados Unidos, al igual que sobre algunas diferencias entre éstas y las normas para informes internacionales. En el capítulo 3 aprenderás acerca del balance general y de cómo se utiliza.

Respuesta al test rápido de la página 25

En los Estados Unidos una empresa no puede registrar el valor de sus activos por encima del coste histórico de ese activo. El argumento se basa en que si la empresa registra ese valor, dejará un amplio margen para la manipulación de los estados financieros, lo cual confundiría a los usuarios de los estados financieros. Aunque la práctica de aumentar el valor de los activos sea aceptada en países extranjeros, lo cierto es que transgrede principios contables generalmente aceptados tales como: 1) el de prudencia, 2) la fiabilidad, y 3) la verificabilidad

GLOSARIO DE TÉRMINOS

Costo histórico (precio de adquisición). La mayoría de los activos y pasivos deben presentarse en el balance general por el importe pagado para adquirir los activos y, para el caso de los pasivos, en la suma que se haya comprometido a pagar en el futuro. Esta circunstancia excluiría tener en cuenta ya sea la inflación o los cambios que experimenten los activos a lo largo del tiempo. Sin embargo, existen países en los cuales la inflación alcanza cifras que obligan a aplicar factores de corrección en los valores de activos y pasivos del balance general, como también se requieren ajustes bajo aplicación de las IFRS.

Información cuantificable. La información es más fácil de entender y de utilizar si está cuantificada. Sin embargo, cuando se trate de información que no puede ser cuantificada pero es relevante para los usuarios de los estados financieros, debe ser mostrada en forma narrada, en notas al pie de los estados financieros.

Información obtenible. La información, para que sea incluida en los estados financieros, debe ser accesible de forma rápida y sin un gasto poco razonable de recursos tales como tiempo, esfuerzo o dinero.

Instituto Estadounidense de Contadores Públicos Certificados (AICPA). Es la organización profesional de la profesión contable en Estados Unidos. Esta organización tiene la responsabilidad de establecer las normas éticas para la profesión, como también diseñar y evaluar los exámenes de Certificación para Contables Públicos (exámenes CPA).

Junta de las Normas de Contabilidad Financiera (FASB). Organismo encargado de la elaboración de las normas contables que deben aplicarse para la preparación de los estados financieros estadounidenses. Para dichos efectos, todas las reglas contables emitidas por el FASB se consideran como principios de contabilidad generalmente aceptados (PCGA).

Junta de las Normas Internacionales de Contabilidad Financiera (IASB). La Junta de Normas Internacionales de Contabilidad (International Accounting Standards Board, IASB) es un organismo independiente del sector privado que desarrolla y aprueba las Normas Internacionales de Información Financiera (NIIF). El IASB funciona bajo la supervisión de la Fundación del Comité de Normas Internacionales de Contabilidad (IASCF). El IASB se constituyo en el año 2001 para sustituir al Comité de Normas Internacionales de Contabilidad (International Accounting Standards Committee, IASC). La Fundación del Comité de Normas Internacionales de Contabilidad (International Accounting Standards Committee Foundation, IASCF) es una Fundación independiente, sin fines de lucro creada en el año 2000 para supervisar al IASB .

Normas internacionales de Contabilidad (NIC). Las NIC son un conjunto de normas que establecen la información que deben presentarse en los estados financieros y la forma en que esa información debe aparecer en dichos estados, para estandarizar la información financiera presentada por los mismos. Constituyen los Estándares Internacionales o normas internacionales en el desarrollo de la actividad contable y suponen un manual Contable, ya que en ellas se establecen los lineamientos para llevar la Contabilidad de la forma como es aceptable en el mundo. Las normas de contabilidad emitidas por el IASC se denominan Normas Internacionales de Contabilidad (NIC).

Normas Internacionales de Información Financiera (NIIF). El término Norma Internacional de Información Financiera (NIIF; en inglés, International Financial Reporting Standards, IFRSs) tiene un estrecho y un amplio sentido. En sentido estricto, las NIIF se refieren a la nueva serie numerada de Normas que emite el IASB, a diferencia de las Normas Internacionales de Contabilidad (NIC; en inglés, International Accounting Standards, IAS), serie emitida por su predecesor (el IASC). Desde abril de 2001, año de constitución del IASB, este organismo adoptó todas las NIC y continuó su desarrollo, denominando a las nuevas normas "Normas Internacionales de Información Financiera" (NIIF).

Principios de contabilidad generalmente aceptados (PCGA). Es el conjunto de reglas contables utilizadas dentro de los Estados Unidos y prescritos para su uso por parte de diversas organizaciones tales como el FASB y la SEC (Comisión o Superintendencia de Valores Negociables de Estados Unidos). Estas reglas controlan que la preparación de los estados financieros sea uniforme. En España, es el ICAC la institución que tiene dicha competencia. En Colombia, las Superintendencias y el Consejo Técnico de la Contaduría Pública (CTCP) tienen dicha función.

Principio de empresa en funcionamiento. A efectos de la contabilidad, se asume normalmente que la empresa continuará su actividad en el futuro. A este concepto se le denomina principio de empresa en funcionamiento. Existen muchas estimaciones que deben hacerse para poder completar el proceso de presentación de los estados financieros (por ejemplo, la depreciación de un activo durante su vida útil), y si no supusiésemos que la empresa se mantendrá en funciones durante un futuro indefinido, no podríamos aplicar este tipo de dato que la contabilidad requiere.

Principio de importancia relativa. Podrá admitirse que no se apliquen estrictamente algunos de los principios contables siempre y cuando la importancia relativa en términos cuantitativos de la variación que tal hecho produzca sea escasamente significativa y, en consecuencia, no altere los estados financieros básicos.

Principio de prudencia. Cada vez que haya dos o más valores que puedan aplicarse para reflejar el importe de una transacción, el contable deberá optar por aquel que presente el valor más bajo de tal activo en el balance general, o represente el gasto más alto en el estado de ingresos y gastos, con la finalidad de no ser optimista respecto de los hechos contables.

Principio de uniformidad. Las prácticas y métodos utilizados para la presentación de los estados financieros deberían ser siempre los mismos año tras año y proceso tras proceso. Si, por cualquier razón, la empresa y su contable acuerdan cambiar el método de presentación de cualquier partida de los estados financieros, deberá introducirse una nota al pie de dichos estados explicando las razones por las cuales el o los métodos fueron cambiados.

Valor de realización. Los activos de una empresa normalmente se muestran en el balance general a costo histórico, salvo que su valor de realización (de mercado) sea inferior, con lo cual habrán de ser contabilizados a ese valor (siempre el menor). Si el coste histórico original, por ejemplo, es de 5.000$ y el precio máximo al que la empresa puede vender ese activo es de 4.000$, conforme a este principio, este activo deberá mostrarse en el balance general con el valor más bajo.

Entity Concept: Este principio establece que las transacciones de cada persona (física o jurídica) deben estar separadas de aquellas pertenecientes a otras organizaciones o individuos.

Por ejemplo, cuando una empresa es propiedad de una persona, las finanzas personales del individuo que es propietario de la empresa no deben incluirse en los estados financieros de la empresa. Lo contrario también es aplicable: la información financiera de la empresa no debe incluirse en los estados financieros del propietario individual.

Unidad monetaria: Pueden ser dólares estadounidenses, euros, yenes, etc. Dado que los registros contables solamente pueden incluir transacciones cuantificables, estas transacciones deben ser presentadas en alguna de las monedas estables.

Principio de materialidad: Este principio establece que un ítem deberá ser incluido en el balance general, únicamente cuando influya en la decisión del usuario del estado. Por ejemplo, si una empresa multimillonaria fuese a donar 100$ a fines caritativos, esta información no influiría en la decisión del gestor o del propietario de la empresa. Sin embargo, en el momento en que efectivamente se efectuase el pago por la empresa, la distribución de esos 100$ debería combinarse con otros gastos menores y ser presentada como «gastos varios».

3. El balance general

- **Comprendiendo el balance general.**
- **La ecuación contable.**
- **Los componentes del balance general.**
- **Glosario de términos.**

Comprendiendo el balance general

Imagínese usted haciendo una lista de todas las cosas que considera importantes. Junto con la lista, usted agrega valor a cada uno de los ítems anotados. A continuación, hace también una lista de todo lo que debe a terceros y de nuevo incorpora valores a cada uno de estos ítems. Luego resta ambas listas ¡Ya está! ¡Usted ha creado los elementos básicos de un balance general!

En una empresa, esa primera lista se llama *activos*. Los activos son los bienes y derechos de la empresa, y pueden ser de naturaleza circulante (corto plazo, corriente) o de naturaleza fija (largo plazo, no corriente).

Su segunda lista corresponde a los ítems denominados *pasivos (exigibles)*. Pasivo es lo que usted debe por los recursos que fueron incorporados al negocio en forma de bienes y derechos. Las personas a quienes la empresa debe dinero son usualmente denominadas *acreedores*. El cuadro 3.1 ilustra el origen de algunos pasivos exigibles en que una empresa o una persona pueden incurrir.

CUADRO 3.1

¿De dónde provienen los pasivos?

Cómo se les denomina	Cómo se originan los pasivos
Cuentas a pagar (o proveedores)	Compra de bienes o servicios
Sueldos a pagar	Remuneraciones pendientes de pago
Consumos básicos por pagar	Servicios básicos consumidos pero aún no pagados
Documentos por pagar	Compromisos documentados pendientes de pago
Arrendamientos por pagar	Alquiler pendiente de pago

Una tercera lista que usted podría preparar se denominaría patrimonio de los dueños o patrimonio neto. El patrimonio de los dueños refleja las cantidades que el o los dueños han invertido en la empresa. Existen dos fuentes de capital de los dueños o propietarios:

— El importe de dinero aportado directamente por los propietarios u otros inversionistas, denominado inversión de los dueños o capital.

— El importe que se haya retenido de los beneficios generados por el negocio, que se denomina *beneficios retenidos* o *acumulados.*

Consejo rápido

Los beneficios toman muchas formas; no siempre representan dinero en efectivo. Los beneficios pueden estar formados también por promesas de pago en efectivo en el futuro. Por ejemplo, cuando se hace una venta a crédito, se crea una cuenta por cobrar, si bien no hay cobro de dinero a favor de la empresa. El dinero llegará luego del transcurso de un período de espera, pero la transacción será considerada como un ingreso para la empresa desde el momento en que ésta se lleva a cabo.

Examinemos un ejemplo: la Compañía Zapatería Mauricio es una empresa pequeña que elabora, vende y repara zapatos. La compañía fue creada por Mauricio Fernández en enero de 2015. Mauricio siempre había pensado que podría dedicarse a esta actividad con mucho éxito. Así, Mauricio invirtió en su negocio algo del dinero que había estado ahorrando y otro poco del que había heredado recientemente.

Eche una mirada al balance de la empresa de zapatos que aparece en el cuadro 3.2. Se trata de una empresa unipersonal ya que Mauricio es el único dueño del negocio.

CUADRO 3.2

Zapatería Mauricio
Balance general (en dólares)
31 de diciembre de 2015

Activos		
Tesorería (caja y bancos)		17.385
Cuentas por cobrar (o clientes)		9.175
Derechos de difícil cobro		–175
Inventario de mercancías		23.000
Seguros pagados por anticipado		1.000
Camión		8.000
Edificio		25.000
Terrenos		10.000
Total de activos		93.385
Pasivos y patrimonio neto		
Pasivos		
Cuentas por pagar (o proveedores)	3.000	
Hipoteca por pagar	20.000	
Total pasivos		23.000
Patrimonio neto		
Capital	60.000	
Beneficios acumulados	10.385	
Total patrimonio neto		70.385
Total pasivos y patrimonio neto		93.385

Al examinar el balance general de la compañía de zapatos, notará que los activos que pertenecen a la empresa en total suman 90.385 dólares y que los pasivos importan 23.000 dólares. Finalmente, cuando usted reste los pasivos de los activos, podrá ver que el negocio tiene un patrimonio neto de 70.385 dólares. Éste está compuesto de una combinación del dinero que la dueña invirtió en la empresa (60.000 dólares), más las ganancias que ha obtenido y que ha retenido en la empresa desde su fecha de inicio (10.385 dólares). Ahora, si se considera que éste es el primer año de actividad de la empresa, lo anterior implica que el total de beneficios se ha obtenido durante este primer año.

¿Qué significa la fecha que aparece en el balance general?

Existe un alto grado de desacuerdo en cuanto a cómo llegan los contadores a los valores que se han mostrado en el balance general. El interés principal se centra en los valores asignados a los activos y, consecuentemente, al patrimonio de los dueños. El balance general representa una «foto instantánea» de la posición financiera del negocio en una fecha específica. En el caso de la Zapatería Mauricio, este punto en el tiempo corresponde al 31 de diciembre de 2015.

¡Alerta!

El balance general es una foto instantánea. Los valores que se presentan en él sólo representan la posición financiera del negocio en el momento cronológico exacto en el cual se preparó el balance general y son válidos para ese momento y ningún otro. En el cuadro 3.2, esto significa sólo 31 de diciembre de 2015, no 30 de diciembre, ni 1 de enero. En cualquier otro momento puede haber más o menos activos y pasivos, por lo cual el balance general presentaría valores distintos.

Qué es el coste histórico

Tal y como hemos visto, todos los ítems que aparecen en el balance general tienen atribuido un determinado valor, pero ¿de dónde proviene ese valor? En Estados Unidos, tanto los contables como otros usuarios de los estados financieros están de acuerdo en que los estados financieros (incluyendo los balances generales) deben basarse en el coste histórico. Esto significa que el valor que aparece en el balance general para la Zapatería Mauricio no representa el valor actual que tendrían los activos y pasivos si quisiéramos ponerlos hoy en venta. En lugar de ello, el valor que aparece en el balance general refleja el importe que se abonó por los activos y el importe que la empresa acordó abonar a los acreedores en la fecha que se contrajo la obligación.

¿Confundirá este criterio de valoración al lector de los estados financieros? Podemos afirmar que no, porque existe un consenso para la uso de estos estados financieros, lo cual permite que todos los que los usan entiendan el *idioma* en el que se está utilizando.

La ecuación contable

La relación existente entre activos (A), pasivos (P) y patrimonio del propietario (N) a menudo es presentada en términos de la siguiente fórmula:

$$A = P + N$$

Activo = Pasivo + Patrimonio neto

El total de activos de toda empresa es igual a la suma de los pasivos y del patrimonio neto.

La fórmula detalla las relaciones que existen entre los distintos componentes del balance general. Éste usualmente muestra los componentes del activo por una parte (lado izquierdo) y los pasivos por otra (lado derecho).

La fórmula presentada más arriba también puede reescribirse de la siguiente forma:

$$A - P = N$$

Activos – Pasivos = Patrimonio neto

Si usted resta el total de pasivos desde el total de activos, el remanente corresponde al patrimonio neto de la empresa.

Los componentes del balance general

Activos

Tal y como se discutiera previamente, los activos son bienes y derechos que son de propiedad de la entidad para la cual usted lleva la contabilidad. Hagamos más específica esta idea. Para que un activo sea considerado como tal y pueda figurar en el balance general de una empresa, se requiere que supere las tres pruebas siguientes.

CUADRO 3.3

¿Cómo sabemos si un activo puede ir en el Balance general?

Los siguientes puntos nos darán la respuesta:

- La empresa debe tener el control del bien (esto usualmente significa ser su propietario).
- El bien debe ser valioso para la empresa.
- El bien debe tener un valor susceptible de ser cuantificado.

Examinemos algunos ejemplos de activos. Dados los requerimientos del primer punto del cuadro 3.3, un balance general tradicional no mostrará como activos a los trabajadores de la empresa, aun cuando podemos referirnos a ellos como «activos» en un sentido no contable, debido a que la entidad los controla hasta cierto punto, pero no tiene la propiedad de estas personas. Sin embargo, ¿qué sucede con los jugadores de un equipo de baloncesto u otros atletas profesionales? ¿No son propiedad del equipo al que pertenecen? La respuesta es no. Lo que el equipo posee no es al jugador en sí mismo, sino el contrato del jugador. Por ende, en esta situación, quienes sean «propietarios» del equipo de baloncesto anotarán como activo los contratos de los jugadores.

De acuerdo a lo contemplado en la segunda prueba, prácticamente todo lo que una empresa utilice para lograr ingresos y generar efectivo tiene algún valor. Sin embargo, ciertos bienes que cumplen los requisitos de la primera prueba pueden ser eliminados de la lista de activos bajo los requisitos de la segunda. Ejemplos de este tipo pueden ser un camión que no funciona o existencias que ya no pueden ser vendidas por estar obsoletas, como ocurriría con versiones muy antiguas de software de ordenadores, por ejemplo.

Un ejemplo del tercer requerimiento podría producirse si una empresa adquiere una maquinaria usada. La empresa la adquirió por una determinada cantidad de dinero y existen los registros de la transacción que muestran claramente el importe pagado por la maquinaria. (*Nota:* Ni a la empresa ni al balance general le importan si el bien se compró por un importe que lo infra o sobrevaloraba. El balance general sólo refleja el costo histórico [o precio de adquisición], el cual corresponde al importe efectivamente pagado por la máquina; no importa si la empresa pagó demasiado por ella o fue una «ganga»).

Test rápido

A continuación se le presenta un listado de bienes que podrían ser considerados como activos para una empresa. Indique para cada caso si pueden o no ser considerados como activos y presentados en el balance general, explicando por qué sí o por qué no:

1. Un zapato que pertenece al dueño de la empresa.
2. Un edificio usado para armar y vender los zapatos de la empresa.
3. Una herramienta rota y fuera de uso de la empresa.
4. Los empleados de la empresa.
5. Dinero adeudado a la empresa por la venta de zapatos.
6. Dinero adeudado por la empresa a la compañía de gas.
7. Los terrenos en los que están construidos los edificios de la empresa.
8. Un camión utilizado para entregar los zapatos a los compradores.
9. Dinero en la cuenta corriente personal del dueño de la empresa.
10. Dinero pagado en forma anticipada por una póliza por tres años de seguro para la empresa.

[Véase la respuesta en página 51]

Activos corrientes o circulantes

Los activos se dividen normalmente en dos categorías para su presentación en el balance general: los primeros son denominados activos a corto plazo (también activos circulantes o corrientes). En esta clasificación aparecen los activos que se convertirán en efectivo en el lapso de un año o menos. La segunda clasificación corresponde a los activos a largo plazo.

Activos no corrientes o fijos

Los activos a largo plazo (denominados también activos fijos o no corrientes) son aquellos de los cuales no se espera que se conviertan en efectivo o «se consuman» en un año o menos. Los activos a largo plazo incluirán partidas tales como equipamiento, terrenos, maquinaria y construcciones.

Como caso peculiar de activos fijos están los activos intangibles que son aquellos que, como su nombre ya lo anuncia, no pueden ser tocados, pues no tienen existencia física. Al igual que los activos tangibles (equipamiento, terrenos, maquinaria...), estos bienes también tienen que aprobar las tres pruebas detalladas para poder ser calificados como activos en el balance general. Sin embargo, no poseen ninguna característica tangible. Algunos ejemplos de activos intangibles incluyen las marcas registradas, los derechos de autor y las patentes, si es que corresponden a ítems que han sido comprados por la empresa a su dueño anterior. Usted podría verse inclinado a considerar el fondo de comercio como un activo intangible; el fondo de comercio se basa en la ubicación del negocio, reputación de los dueños, porque el nombre es reconocido por los clientes y es de gran valor para el negocio, etc. Mantenga en mente, sin embargo, que debido a los principios de contabilidad generalmente aceptados discutidos en el capítulo 2, si no fue comprado y pagado y, por ende, no tiene costo histórico (o precio de adquisición), no puede ser reflejado como un activo en el balance general.

Pasivos (exigibles)

Remítase al balance de la Zapatería Mauricio del cuadro 3.2. El total de pasivos del negocio era igual a 23.000 dólares. Al igual que los activos, el listado de los pasivos también se divide en corto (también llamados corrientes o circulantes) y largo plazo (también llamados no corrientes o fijos). Al igual que los activos, los pasivos a corto plazo son aquellos que deben ser pagados en un lapso que no supere un año. Los pasivos a largo plazo permanecerán como deuda de la empresa por períodos superiores a un año.

Lo usual es que alguna parte de los pasivos a largo plazo deba ser pagada cada año. En consecuencia, en la mayoría de los balances generales, la fracción circulante de las deudas a largo plazo aparecerá como pasivo a corto plazo.

Patrimonio neto

Tal como ya se ha discutido, el patrimonio neto de la Zapatería Mauricio está conformado por dos fuentes. El aporte de capital por 60.000 dólares de la dueña representa la cantidad que la propietaria invirtió en el negocio mediante la compra de diversos activos o por el dinero depositado en el banco con el propósito de utilizarlo en el negocio. Los beneficios retenidos, que ascienden a 10.385 dólares, representan el importe de beneficios obtenidos y retenidos por los dueños de la empresa desde su creación, menos cualquier importe de dinero u otro activo que haya sido retirado o distribuido por los dueños. En la Zapatería Mauricio corresponde a todo lo que la empresa gane vendiendo zapatos, menos todos los gastos en que incurra, por ejemplo, electricidad, combustible para el camión, pago de hipotecas, sueldos, teléfono, etcétera.

Si desglosamos aún más los elementos del balance general de la Zapatería Mauricio, nos podríamos encontrar con un balance como el que se muestra en el cuadro 3.4.

¡Alerta!

Es necesario aclarar un aspecto muy importante en relación con los beneficios acumulados que a menudo causan confusión, tanto entre los dueños de pequeñas como de grandes empresas. Los beneficios retenidos de una empresa no equivalen a efectivo disponible, es decir, a «dinero en el banco o en caja». Sólo porque una empresa haya ido acumulando sus beneficios, ello no significa que todos estos beneficios sean dinero en efectivo. Algunos empresarios suelen suponer que les está yendo muy bien porque están logrando beneficios, sin tener en cuenta que quizá parte o gran parte de ellos aún no se han cobrado. De esta manera, puede que, teniendo beneficios, no dispongan del dinero necesario para pagar las remuneraciones de sus empleados, los impuestos o pagar sus pasivos, encontrándose con ello con serios problemas. Es absolutamente necesario que los negocios dispongan de un buen plan de gestión del efectivo.

CUADRO 3.4

Balance Ampliado de la Zapatería Mauricio.
31 de diciembre de 2015

Activos		
Activos a corto plazo		
Tesorería (caja y bancos)	17.385	
Cuentas por cobrar	9.175	
Deterioro de las cuentas por cobrar	–175	
Inventario de mercancías	23.000	
Seguros pagados por anticipado	1.000	
Total activos a corto plazo		50.385
Activos a largo plazo		
Camión	8.000	
Edificios (o construcciones)	25.000	
Terrenos	10.000	
Total activos a largo plazo		43.000
Total activos		93.385

Pasivos y patrimonio neto		
Pasivos a corto plazo		
Cuentas por pagar	3.000	
Hipotecas por pagar a corto plazo	1.000	
Total de pasivos circulantes	4.000	
Pasivos a largo plazo		
Hipotecas por pagar a largo plazo	19.000	
Total pasivos		23.000
Patrimonio neto		
Capital	60.000	
Beneficios netos acumulados	10.385	
Total patrimonio neto		70.385
Total pasivos y patrimonio neto		93.385

Las transacciones que están tras el balance general

Examinemos las transacciones que originaron las cifras que aparecen en el balance general del cuadro 3.4.

— Mauricio invierte dinero en la empresa (activos a corto plazo y capital)

Asumamos, primero, que el 1 de enero Mauricio invierte 60.000 dólares en su compañía de zapatos. En otras palabras, él sacó 60.000 dólares de su cuenta personal en el banco y creó otra cuenta bancaria para su nuevo negocio. Después de esta transacción, el balance general será como se presenta en el cuadro 3.5.

En el balance general, el efectivo y el capital se han incrementado en 60.000 dólares. Nótese que el balance general está en equilibrio. Es decir, activos = pasivos + capital.

CUADRO 3.5
Zapatería Mauricio
Balance general 1 de enero de 2015

Activos		**Pasivos y patrimonio neto**	
Activos a corto plazo		*Pasivos*	
Tesorería	60.000	Pasivos	0
		Patrimonio neto	
		Capital	60.000
Total activos	60.000	Total pasivos y patrimonio neto	60.000

— **Mauricio compra un terreno, un edificio y un camión (activos de largo plazo)**

A continuación, el 1 de enero, la compañía de zapatos compra un terreno en el cual hay un edificio, y un camión para operar en el negocio. El terreno es evaluado en 10.000 dólares, el edificio en 25.000 dólares y el camión, que será utilizado para la entrega de zapatos y transportar las compras, en 8.000 dólares.

Debido a que la fábrica no tiene dinero suficiente para pagar todos estos activos de inmediato, Mauricio decide tomar prestado algo de dinero. Paga 23.000 dólares de contado y toma un préstamo por 20.000 dólares con una hipoteca sobre el terreno y el edificio. El préstamo es a un plazo de veinte años, teniendo Mauricio que devolver 1.000 dólares cada año de vida del préstamo.

Después de estas transacciones, el balance general quedaría como se señala en el cuadro 3.6.

CUADRO 3.6

Zapatería Mauricio
1 de enero de 2015

Activos		**Pasivos y patrimonio neto**	
Activos a corto plazo		***Pasivos***	
Tesorería	37.000	Hipotecas por pagar a corto plazo	1.000
		Hipoteca por pagar a largo plazo	19.000
Total activos corto plazo	37.000	Total pasivos	20.000
Activos a largo plazo		***Patrimonio neto***	
Camión	8.000	Capital	60.000
Construcciones	25.000		
Terrenos	10.000		
Total activos largo plazo	43.000	Total patrimonio neto	60.000
Total activos	80.000	Total pasivos y patrimonio neto	80.000

Como se puede apreciar en el cuadro 3.6, el saldo de efectivo ha disminuido en 23.000 dólares (por la compra del terreno, construcciones y el camión), los otros activos se incrementaron en su valor de adquisición, 43.000 dólares (camión, construcciones y terreno), y aparecieron dos nuevos pasivos (hipotecas por pagar a corto y a largo plazo). El préstamo de 20.000 dólares se ha dividido en una parte que es a corto plazo, 1.000 dólares, y otra parte que es a largo plazo (vence en plazos superiores a un año), esto es, 19.000 dólares. Note también que el importe correspondiente a patrimonio neto no ha sido afectado.

¿Cuáles son los factores que pueden hacer variar el patrimonio neto? Los ítems listados más abajo proporcionan una síntesis de los únicos acontecimientos que tienen impacto en el saldo inicial del patrimonio neto, que incluye exclusivamente, a 1 de enero de 2015, la aportación del dueño:

- El propietario invierte más dinero en la empresa.
- El negocio experimenta una ganancia o una pérdida.
- El propietario extrae algún activo desde la empresa.

Por tanto, cuando Mauricio invirtió 60.000 dólares en la creación de su empresa de zapatos, ello implicó incrementar el capital del propietario de la entidad en la misma cifra. A partir de este momento, cada vez que la empresa haga alguna operación que implique un beneficio (o una pérdida), se produce un aumento (o una disminución) del patrimonio neto. Además, si Mauricio decide extraer algún activo desde la empresa para su beneficio personal, se producirá otra variación, que en este caso será una reducción de las cifras que aparecen en el balance general.

— **Mauricio adquiere un seguro (activo a corto plazo)**

El 3 de enero la compañía adquiere una póliza de seguros por tres años sobre el edificio. El costo del seguro es de 1.500 dólares. Debido a que esta póliza cubre un período de tres años y en el momento de la compra no se ha consumido nada de la póliza, el gasto representa un activo para la empresa. A este activo lo denominamos como «seguros pagados por anticipado» o algún otro nombre que refleje esta misma idea. La compañía paga este seguro en efectivo. Después de realizar esta transacción, el balance general quedaría como sigue:

En el cuadro 3.7, el único cambio que ha experimentado el balance general corresponde a la compra de la póliza de seguro, en la cual un activo (efectivo) ha transferido parte de su valor por la exacta cantidad de 1.500 dólares.

CUADRO 3.7

Zapatería Mauricio
Balance general 3 de enero de 2015

Activos		Pasivos y capital del propietario	
Activos a corto plazo		***Pasivos***	
Tesorería	35.500	Hipotecas por pagar a corto plazo	1.000
Seguros pagados por anticipado	1.500	Hipoteca por pagar a largo plazo	19.000
Total activo corto plazo	37.000	Total pasivos	20.000
Activos a largo plazo		***Patrimonio neto***	
Camión	8.000	Capital	60.000
Construcciones	25.000		
Terrenos	10.000		

Total activos largo plazo	43.000	Total patrimonio neto	60.000
Total activos	80.000	Total pasivos y patrimonio neto	80.000

— Mauricio compra zapatos (activos a corto plazo)

El 5 de enero Mauricio compra dos tipos diferentes de zapatos, a dos empresas distintas. Se compran 600 zapatos de un modelo A que cuesta 20 dólares cada uno, y cincuenta de otro modelo B que cuesta lo mismo (20 dólares cada uno). El costo total para la empresa por la compra de las 650 zapatos es de 13.000 dólares. La compra representa un activo a corto plazo y se registra como Inventario de existencias de zapatos, que son las mercancías de esta empresa.

Inventario de mercancías es un activo a corto plazo porque la empresa estima que venderá los 650 zapatos en el plazo de un año o menos. En esta ocasión, al igual que en el caso anterior, la empresa de zapatos no quiere pagar en efectivo todas las unidades. Paga 10.000 dólares al contado y acuerda con el vendedor pagar los 3.000 dólares restantes en una fecha posterior a la venta. Estos 3.000 dólares se convierten en cuentas por pagar (o proveedores) para la empresa de zapatos y aparece como un pasivo a corto plazo en el balance general.

Tal como hemos visto en el cuadro 3.1, existen distintos tipos de deudas con terceros. El término de cuentas por pagar (o proveedores) está reservado para aquellas compras de mercancías (inventario de mercancías) que la empresa procurará vender a un precio superior al de adquisición con la finalidad de obtener un beneficio en la operación.

Consejo rápido

Controle el inventario de mercancías. Para una empresa pequeña, tener muy poco o tener mucho inventario de mercancías le traerá problemas. La elaboración de un presupuesto es una fase crítica del proceso contable que ayudará a la planificación y regulación de los gastos de la empresa y permitirá a los propietarios mantener el control sobre todos los detalles del negocio.

Después de la compra de los zapatos, el balance general será el que se muestra en el cuadro 3.8.

CUADRO 3.8
Zapatería Mauricio
Balance general 5 de enero de 2015

Activos		Pasivos y patrimonio neto	
Activos a corto plazo		***Pasivos a corto plazo***	
Tesorería	25.500	Cuentas por pagar	3.000
Inventario de mercancías	13.000	Hipoteca por pagar a corto plazo	1.000
Seguro pagado por anticipado	1.500		
		Pasivos a largo plazo	
		Hipoteca por pagar a largo plazo	19.000
Total activos corto plazo	39 000	Total pasivos	23.000
Activos a largo plazo		***Patrimonio neto***	
Camión	8.000	Capital	60.000
Construcción	25.000		
Terrenos	10.000		
Total activos largo plazo	43.000		
Total activos	83.000	Total pasivos y patrimonio neto	83.000

Vuelve a repetirse: el balance general permanece en equilibrio (de ahí su nombre). Los activos suman 83.000 dólares; los pasivos 23.000 dólares y el patrimonio neto (formado exclusivamente por el capital del propietario) 60.000 dólares, totalizando ambos también 83.000 dólares.

Estará claro para usted que el balance general mostrado en el cuadro 3.8, de 5 de enero de 2015, es bastante diferente al de fecha 31 de diciembre de 2015. Esto demuestra cómo va cambiando un balance general y por qué éste sólo refleja los activos, pasivos y capital en un momento del tiempo y nada más.

En este capítulo, usted ha aprendido más acerca de lo que es un balance general, sus componentes y los cambios que experimenta a lo largo del tiempo. Habrá también notado las relaciones que los componentes tienen entre sí. Habrá, además, verificado algo muy importante: que una cosa son los beneficios acumulados y otra bien distinta el dinero que generan y, por tanto, por qué es altamente prioritaria la administración del efectivo para que una empresa obtenga utilidades. Finalmente, usted habrá aprendido cómo las diversas transacciones que realiza una empresa pequeña impactan en su balance general.

Respuestas al test rápido de la página 41

1. No. No aparecerá en el balance general, puesto que éste es un bien que pertenece al dueño de la empresa.
2. Sí. Porque es un activo que está siendo utilizado por la empresa.
3. No. Este bien fue un activo, pero dejó de serlo si no se utiliza en las operaciones de la empresa y se dio de baja (no obstante, seguiría siendo activo si fuese a ser utilizado en el futuro).
4. No. Aunque a menudo los empleados de un negocio son mencionados como «activos», no aparecerán entre los activos de la empresa puesto que ésta no es dueña de ellos.
5. Sí. Recibe el nombre de cuentas por cobrar.
6. No. Se trata de un pasivo y no de un activo (se trata de una obligación de pago con terceros y no algo que nos pertenece).
7. Depende de si la empresa es propietaria o no del terreno. Si es así, el terreno es considerado un activo debido a que tiene valor y está siendo usado para generar ingresos para la empresa.
8. Sí. Porque es un activo que está siendo utilizado por la empresa.
9. No. Se trata de un bien que pertenece al dueño, no a la empresa, y estos bienes se registran separadamente.
10. Sí. La empresa es la dueña del seguro y lo utilizará durante los próximos tres años.

GLOSARIO DE TÉRMINOS

Acreedores. Son individuos u otras empresas a las cuales la empresa les debe dinero u otros activos. Por ejemplo, el proveedor al cual Mauricio compró a crédito parte de los zapatos y a quien le debe 3.000 dólares, es un acreedor de la Zapatería Mauricio.

Activos. Son los bienes que tienen valor y que son propiedad de la empresa, apareciendo en el balance general. Para que estos bienes aparezcan en el balance general, deben cumplir con los requerimientos de tres pruebas: 1) Deben ser propiedad de la compañía; 2) El bien debe tener valor para la empresa propietaria en la actualidad y/o en el futuro, y 3) Su valor debe ser susceptible de cuantificación. Los activos se dividen entre elementos a corto plazo y a largo plazo.

Activos a corto plazo. Corresponde a aquellos activos que constituyen caja o efectivo o que se convertirán en efectivo dentro del período de un año o menos. Ejemplos de estos activos en la Zapatería Mauriciol son el efectivo, cuentas por cobrar, inventario de zapatos y seguros pagados por anticipado.

Activos a largo plazo. Aquellos ítems que serán consumidos o convertidos en efectivo en períodos superiores a un año. En la compañía de zapatos, el camión, construcciones y terreno corresponden a este tipo de activos.

Activos intangibles. Aquellos bienes que tienen valor para una empresa, cumplen con todos los requisitos como para clasificarse como activos, pero no tienen la característica de ser tangibles. Ejemplos de ello son los derechos sobre marcas y las patentes.

Balance general. Es un estado financiero en el cual se detallan todos los activos (bienes y derechos que se poseen), pasivos (deudas con terceros) y patrimonio neto de la empresa (capital y beneficios acumulados). Las relaciones que existen entre todos estos componentes se muestran en la ecuación contable.

Beneficios acumulados. Es el importe de beneficios obtenidos y retenidos por los dueños de la empresa desde su creación, menos cualquier importe de dinero u otro activo que haya sido retirado o distribuido por los dueños. En Zapatería Mauricio corresponde a todo lo que la empresa gane vendiendo zapatos, menos todos los gastos en que incurra, por ejemplo, electricidad, combustible para el camión, pago de hipotecas, sueldos, etc.

Costo histórico (o precio de adquisición). El valor que aparece en el balance general no representa el valor actual que tendrían los activos y pasivos si quisiéramos ponerlos hoy en venta. En lugar de ello, el valor que aparece en el balance general refleja el importe que se abonó por los activos y el importe que la empresa acordó abonar a los acreedores en la fecha que se contrajo la obligación.

Cuentas por cobrar (o clientes). Éste es un término que se utiliza para describir los derechos de cobro que tengo sobre terceros por ventas de mercaderías, o de productos terminados, o por prestaciones de servicios. Usualmente las cuentas por cobrar aparecen en el balance general como activos de corto plazo, dado que las empresas conceden crédito a sus clientes a plazos de entre treinta y sesenta días, como promedio.

Cuentas por pagar (o proveedores). Es un pasivo de corto plazo en el que se incurre al comprar a crédito las mercancías que configuran el inventario de la empresa.

Ecuación contable. Activos = Pasivos + Patrimonio neto (*A = P + N*). La fórmula detalla las relaciones existentes entre los distintos elementos de un balance general.

Inventario de mercancías. Un activo que la empresa mantiene con el propósito de venderlo a un precio superior al de adquisición, y así obtener un beneficio. En el caso deZapatería Mauricio, el inventario está compuesto por los zapatos que la empresa intenta vender.

Pasivos (exigibles). Son las deudas de una empresa con terceros. Éstas pueden ser a corto o a largo plazo, dependiendo de cuándo sea su plazo de vencimiento. Los pasivos a corto plazo deben ser pagados antes de un año. Un ejemplo para el caso de la compañía de zapatos es *cuentas por pagar* (o proveedores) e *hipotecas por pagar a corto plazo.* Los pasivos a largo plazo se extienden por más de un año. Un ejemplo en la compañía de zapatos es hipotecas por pagar a largo plazo, que debe ser pagada en un plazo que se extiende más allá del año actual.

Patrimonio neto. Es la diferencia que existe entre lo que una empresa posee (activos) y lo que debe (pasivos). En las empresas, esta cantidad es lo que se denomina autofinanciación. El patrimonio neto está compuesto por el o los aportes de capital hechos por los dueños (capital), más todo importe de beneficios que se haya acumulado y menos cualquier cantidad de efectivo u otro activo que haya sido retirado o distribuido por los dueños.

4. El estado de ingresos y gastos

- **Entendiendo el estado de ingresos y gastos.**
- **El concepto de acumulado o devengado.**
- **Ingresos.**
- **Gastos.**
- **Beneficio neto acumulado.**
- **Intereses e impuesto sobre los beneficios.**
- **Derechos de difícil cobro.**
- **Glosario de términos.**

Al llegar a este punto, ya estamos familiarizados con el balance general y cómo éste es útil para mostrar los activos que posee la Zapatería Mauricio y los pasivos que ésta ha contraído. Hemos comprendido también que la diferencia existente entre ambos se denomina patrimonio neto y que representa lo que la compañía de zapatos «vale» para sus dueños a la fecha del balance. Lo último que hemos aprendido es que los valores que aparecen en el balance general son válidos sólo para el momento en el tiempo en que se elaboró este estado financiero. Por eso se le denomina «una foto instantánea» de la empresa.

Ahora que su empresa está en marcha y funcionando, Mauricio está muy interesado en saber cuánto beneficio ha generado el negocio. Para tener esta información, Mauricio debe familiarizarse con el estado de ingresos y gastos.

Entendiendo el estado de ingresos y gastos

El estado de ingresos y gastos presenta un resumen de los ingresos de la empresa (lo que la empresa ha ganado por la venta de sus mercancías, productos terminados o servicios) y los gastos (lo que se ha tenido que gastar la empresa para ganar esos ingresos) durante un específico período de tiempo, tal como un mes, un trimestre o un año. Este lapso de tiempo es conocido como período o ejercicio contable. Una diferencia clave entre el estado de ingresos y gastos y el balance general, es que el estado de ingresos y gastos refleja cifras de un período de tiempo determinado (por ejemplo, todo el año 2015) y no las de un momento en el tiempo, como ocurre con el balance general (por ejemplo, a 31 de diciembre de 2015). Al estado de ingresos y gastos suele llamársele también estado de pérdidas y ganancias o estado de resultados. Nosotros lo denominaremos como estado de resultados a partir de este momento.

La preparación del estado de resultados sirve para varios propósitos. A menudo, la única razón por la cual usamos el estado de resultados es para obtener el beneficio neto del período contable. El estado de resultados también puede ser útil para analizar los cambios que han experimentado durante el ejercicio los ingresos o los gastos, o respecto a períodos contables anteriores.

Ilustración de un estado de resultados

En el cuadro 4.1 podemos ver todos los ingresos y gastos que ha tenido la zapatería en su primer año de operaciones. Con este estado Mauricio tendría la información relativa al beneficio neto que su empresa ha obtenido durante el primer año.

CUADRO 4.1

Zapatería Mauricio
Estado de resultados
A 31 de diciembre de 2015

Ventas de zapatos a precio de venta	35.500
Ventas de zapatos a precio de adquisición (o costo de las ventas)	(14.200)
Margen de las ventas de zapatos	21.300
Otros ingresos	
Ingresos por reparaciones	3.850
Gastos operacionales	
Sueldos y salarios	5.200
Gastos por reparaciones de zapatos	2.725
Gastos por seguros	500
Derechos de difícil cobro	175
Gastos en utillaje	50
Gastos por servicios bancarios	15
Total de gastos operacionales	(8.665)
Beneficio (o pérdida) proveniente de las operaciones (margen de las ventas – gastos operacionales)	16.485
Otros gastos	
Gastos por intereses bancarios	(1.600)
Beneficio (o pérdida) antes de impuestos	14.885
Impuesto sobre los beneficios	(4.500)
Beneficio neto acumulado (o beneficio neto después de impuestos)	10.385

En general, el estado de resultados está organizado en tres secciones. La primera sección muestra los ingresos obtenidos por la venta de mercancías, productos terminados o servicios durante el período reportado. En el caso de la Zapatería Mauricio (véase cuadro 4.1), hablaríamos sólo de ventas de mercancías, y el período corresponde a un año. La segunda sección detalla los gastos en que incurrió la empresa para obtener sus ingresos en este período. La tercera sección es la diferencia entre estos ingresos y los gastos, en la esperanza de que los ingresos sobrepasen a la cifra de gastos, determinando un beneficio. Si los gastos fuesen mayores que los ingresos se produciría una pérdida, lo que no es buena noticia para la empresa.

En el ejemplo planteado en el cuadro 4.1, como práctica que se sigue en contabilidad, los números que aparecen entre paréntesis tienen signo negativo, y, por tanto, restan.

El concepto de acumulado o devengado

El concepto de acumulado o devengado hace referencia a cuándo deben reconocerse los ingresos y los gastos en el estado de resultados. Los ingresos deben reconocerse cuando hayan sido obtenidos o realizados (en el caso de nuestro ejemplo, cuando los zapatos se hayan entregado al cliente) y los gastos cuando se haya incurrido en ellos (cuando los zapatos se hayan comprado al proveedor, cuando se produzca el consumo de agua, de luz, de teléfono, de personal...), independientemente de cuándo se produzca el cobro o pago de efectivo correspondiente. A esto se le conoce en contabilidad con el concepto de devengado. Éste es el tipo de contabilidad utilizado por las empresas a lo largo de todo el territorio español a los efectos de presentación de sus estados financieros. Lo propio ocurre en Estados Unidos y en la mayoría de los demás países de América. Lo opuesto es la llamada «contabilidad sobre la base de efectivo o de caja», que puede usarse en pequeños negocios y en algunas otras pocas actividades para determinar el beneficio para el pago de impuestos. Bajo el método de contabilidad sobre la base de efectivo, el ingreso no es registrado sino hasta el momento en que se recibe el efectivo y los gastos no son contabilizados sino hasta el momento en que se desembolsa el efectivo.

¡Alerta!

Contabilidad sobre la base de efectivo o de caja. La razón por la cual los negocios pequeños pueden utilizar el método de contabilidad sobre la base de efectivo o de caja es que es más fácil de usar que la contabilidad por devengo. En este caso, los asientos contables se hacen sólo cuando se produce realmente el intercambio de efectivo.

Los principios de contabilidad generalmente aceptados requieren el uso del método de contabilidad del devengo (o por acumulación). Debido a esta razón, a lo largo del libro sólo utilizaremos este método.

Ingresos

En el estado de resultados, los ingresos constituyen lo que la empresa ha ganado durante un período de tiempo por la venta de sus mercaderías, de los productos terminados o por la prestación de servicios a sus clientes. Los ingresos pueden provenir de distintas fuentes: una empresa puede generar ingresos ya sea por ventas o prestaciones de servicios, intereses, dividendos, derechos sobre marcas o concesiones, o una combinación de estos conceptos. La suma de todas estas fuentes de ingresos corresponde al total de ingresos de una empresa durante ese período.

Tal como se muestra en el cuadro 4.1, el ingreso por 35.500 dólares proviene de la venta de su mercancía, los zapatos. Si usted observa el final del estado de resultados, notará que la zapatería generó también ingresos por concepto de reparaciones de zapatos, por 3.850 dólares. Si bien la empresa obtiene ambos ingresos, hay que destacar que el negocio principal de la compañía es la venta de zapatos y no su reparación.

Hasta este punto no ha habido grandes planteamientos acerca del concepto de beneficio. Los ingresos son una parte de ese beneficio, por lo que podemos decir que cuentan parte de la historia, pero no toda la historia del estado de resultados. Los gastos necesarios para obtener esos ingresos deben ser restados de los mismos para llegar finalmente al importe del beneficio neto.

¡Alerta!

Ingresos versus Flujo de efectivo. Es importante enfatizar que los ingresos no son sinónimo de flujo de efectivo o de caja. Los ingresos pueden generarse antes de que una empresa reciba el efectivo correspondiente. En otras palabras, puede hacerse una venta a crédito, sin que haya habido por tanto el cobro en efectivo de esa venta. Aunque el cobro del efectivo se difiera en el tiempo, el ingreso se reconoce en el momento en que la mercadería haya sido transferida al comprador, o cuando el servicio ha sido prestado por el vendedor. Por ende, es enteramente posible que el estado de resultados muestre una cifra importante de ingresos por ventas y que, sin embargo, la empresa tenga problemas de caja, dado que aún no ha cobrado el dinero de las ventas.

En el cuadro 4.1 podemos ver que la cifra de ingresos por ventas es de 35.500 dólares en todo el año 2015. De la simple lectura de este dato no podremos identificar cuánto ya es efectivo y cuánto está pendiente de cobro. Para ello hemos de acudir al balance general de esta empresa (véase cuadro 3.4), donde se especifica que la cantidad de dinero adeudada a 31 de diciembre de 2015 por los clientes por concepto de ventas de mercaderías (cuentas por cobrar) es de 9.175 dólares, importe que la empresa habrá de convertir en efectivo en un corto plazo de tiempo. El resto, 26.235 dólares, sí son ingresos por ventas ya cobradas al contado, sea porque la venta fue al contado en ese período, o fue a crédito pero ya ha sido cobrada antes del 31 de diciembre de 2015.

Gastos

Los gastos representan los bienes o servicios que se ha necesitado consumir durante el ejercicio para poder realizar la actividad de la empresa. Ejemplos de gastos son los alquileres, los consumos básicos (luz, agua, teléfono...), sueldos y salarios, gastos por servicios bancarios, gastos por pólizas de seguros, gastos por derechos de difícil cobro, pequeños gastos en utillaje... En el ejemplo que estamos desarrollando, los gastos de la Zapatería Mauricio caen dentro de la categoría de gastos operacionales. Éstos son todos los gastos en que incurrió el negocio durante el año 2015 para poder generar los ingresos emanados de la operación del negocio, siendo por un total de 8.665 dólares. Otro gasto que no aparece en el listado de los gastos operacionales, pero igualmente necesario para poder generar los ingresos, es el precio de compra de los bienes vendidos, esto es, 14.200 dólares. Lógicamente, la diferencia entre las ventas a precio de venta y las ventas a precio de adquisición constituye el margen de esas ventas.

Estos gastos, por tanto, son costos en los que incurre la empresa con la finalidad de generar los ingresos del período en cuestión, formando ambos la columna vertebral del estado de resultados del ejercicio contable. A su vez, la empresa también suele incurrir en otros gastos durante el período, pero que son necesarios para obtener los ingresos de este y sucesivos períodos; estamos haciendo referencia a los activos a largo plazo, que para el caso de la compañía de zapatos, y para este año 2015, son concretamente los elementos camión, edificios y terrenos. ¿Cómo imputamos este gasto al resultado del período?: estos activos con el tiempo se irán depreciando (perdiendo valor), esa depreciación tiene un valor monetario que se denomina amortización, y será este gasto el que se llevará al resultado como gasto necesario para la obtención de los correspondientes ingresos.

Beneficio neto acumulado

En el cuadro 4.1, el término «beneficio» aparece tres veces. Como hemos comentado, la cifra 21.300 dólares representa el beneficio obtenido por la venta de zapatos, producto principal de la Zapatería Mauricio. Además de la venta de zapatos, la compañía realizó también algunas reparaciones que generaron un ingreso de 3.850 dólares durante el año, si bien su actividad fundamental es la venta de zapatos. Una vez deducidos del margen de las ventas más los otros ingresos, el montante de los gastos operacionales, surge el concepto «beneficio (o pérdida) proveniente de las operaciones», con un importe de 16.485 dólares. Si restamos de este beneficio aquellos gastos de carácter financiero que se han devengado en contra de la empresa a consecuencia de la hipoteca, y que se incluyen en la cuenta gastos por intereses bancarios (por 1.600 dólares), obtendremos el concepto «beneficio (o pérdida) antes de impuestos», por un importe de 14.885 dólares. Luego, se deducirá de este importe el gasto derivado del impuesto sobre los beneficios obtenidos, y llegamos al concepto de «beneficios netos acumulados» o «beneficio neto después de impuestos» del ejercicio, el cual presenta un saldo de 10.385 dólares para el primer año de vida del negocio de Mauricio.

Intereses e impuesto sobre los beneficios

En Contabilidad se suele considerar a estos dos gastos como gastos no operacionales. La razón para ello es que tanto los intereses como los impuestos no contribuyen a generar los ingresos de la actividad principal de la empresa, si bien es necesario realizar su correspondiente pago en el desarrollo de la actividad del negocio.

Derechos de difícil cobro

Un gasto operacional que se muestra en el cuadro 4.1 es el gasto por derechos de difícil cobro, que aparece por un total de 175 dólares. Ese gasto representa la cantidad de cuentas por cobrar que la compañía considera de difícil cobro (porque ha pasado ya un determinado período de tiempo y no se ha cobrado, porque la empresa del cliente está inmersa en concurso de acreedores...). La suma de 175 dólares en el caso de la Zapatería Mauricio corresponde a una estimación hecha por la administración de Zapatería Mauricio sobre el saldo de cuentas por cobrar al cierre del ejercicio, si bien existe otro mecanismo, y es el seguimiento individualizado de cada uno de los clientes del negocio.

Consejo rápido

Mantenga los derechos de difícil cobro en saldos mínimos. Para lograr que los derechos de difícil cobro se mantengan en saldos mínimos, es importante que usted haga una investigación intensiva de los clientes a quienes vaya a conceder crédito, para lo cual sería conveniente realizar un análisis de los estados financieros de su empresa, y con ello conocer su capacidad de pago a corto y a largo plazo.

Test rápido

Tomando como referencia el conocimiento de la Contabilidad que usted ha logrado hasta este punto, y basándose en el estado de ingresos del cuadro 4.1, ¿diría usted que la Zapatería Mauricio ha tenido un buen año? ¿Qué aspecto cree usted que deberían mejorar en el próximo año? ¿Qué información adicional necesitaría usted para tomar esas decisiones?

[Véanse las respuestas en la página 70.]

Las transacciones que están tras el estado de resultados

Analicemos las transacciones que dieron origen al estado de resultados del cuadro 4.1, que representa la situación de la Zapatería Mauricio a 31 de diciembre de 2015.

Ventas de zapatos

La cifra de ventas de zapatos aparece por el montante de todas las ventas del período, a precio de venta.

Observemos a continuación una de esas operaciones de venta y veamos de qué forma afecta al estado de resultados. Supongamos que el 6 de enero de 2015, la compañía hace su primera venta —diez zapatos— por un total de 500 dólares cada uno. La compañía había comprado los zapatos a 20 dólares cada uno, lo que da un total de 200 dólares. Después de esta transacción, el estado de resultados quedaría como se muestra en el cuadro 4.2 (observe que este estado de resultados mostrado en el cuadro 4.2 es de fecha 6 de enero, en tanto que el que aparece en el cuadro 4.1 es de fecha 31 de diciembre de 2015).

CUADRO 4.2

Zapatería Mauricio
Estado de resultados
Para la semana que finaliza el 6 de enero de 2015

Ventas de zapatos	500
Costo de las ventas de zapatos	(200)
Margen de las ventas de zapatos	300
Gastos operacionales	0
Beneficio neto acumulado	300

La transacción derivada de la venta ocasiona dos cambios en el estado de resultados. Primero, ha incrementado la cuenta de ventas de zapatos en 500 dólares y, segundo, ha creado una cuenta de gastos denominada Costo de las ventas (venta de los zapatos a precio de adquisición), por 200 dólares.

Al mismo tiempo, la transacción ha cambiado el balance general de varias formas. Si suponemos que los zapatos fueron vendidos al contado, la cuenta de activo a corto plazo del balance general denominada Tesorería se incrementará en 500 dólares. Una segunda cuenta de activo denominada Inventario de existencias (de mercaderías), en la cual aparecían los zapatos que fueron vendidos, habría disminuido su saldo por el costo de estos zapatos, 200 dólares.

El otro cambio del balance general se debe a que la cifra de beneficios acumulados aumentaría por el importe del beneficio neto obtenido en la operación.

Nota: Recuerde que los ingresos menos los gastos necesarios para obtener esos ingresos es igual al beneficio neto y que este último aumenta el importe de los beneficios netos acumulados que forman parte del patrimonio neto en el balance general. Reiteramos la importancia de recordar que bajo este concepto no se ha hecho mención a tesorería (caja o bancos); como ya mencionamos, puede haber un gasto o un ingreso, pudiendo ser el cobro, o el pago, presente o futuro.

Miremos ahora la ecuación contable: $A = P + N$ que aprendimos en el capítulo 1. Un activo (tesorería) se ha incrementado por el importe del precio de venta, 500 dólares. Otro activo, inventario de existencias, ha disminuido su saldo por el costo de ovendidas, 200 dólares. Los beneficios netos acumulados se han incrementado por la diferencia entre el precio de venta y el costo de los bienes vendidos, 300 dólares. Por ende, el lado izquierdo de la ecuación ha aumentado en 300 dólares (un activo creció y otro disminuyó), y el lado derecho de la ecuación aumentó en la misma cantidad, por medio de la cuenta de patrimonio neto denominada Beneficios netos acumulados.

Llevando las cifras de la transacción a la ecuación contable, tendríamos lo siguiente:

Activos = Pasivos + Patrimonio neto
(500 – 200) = 0 + 300
Este concepto es demostrado en mayor detalle en el capítulo 6 «Sistema de contabilización por partida doble».

Costo de los bienes vendidos y margen de las ventas

Durante todo el año 2015 el costo de los zapatos vendidos fue de 14.200 dólares. La diferencia entre el precio de venta de los zapatos (35.500 dólares) y el costo de estos zapatos (14.200 dólares) se denomina margen de las ventas. En el caso de la zapatería, el margen neto es igual a 21.300 dólares.

Gastos operacionales

Los gastos operacionales son aquellos en que es necesario incurrir para realizar la actividad sobre la base del día a día. Veamos ahora qué ocurre si el 7 de enero de 2015 la Zapatería Mauricio paga a su dueña en efectivo 100 dólares por su primera semana de trabajo, actuando la dueña en este caso como empleada del negocio.

¡Alerta!

El pago a los dueños. Recuérdese que la propietaria y la Zapatería Mauricio son dos entidades separadas y que, cuando el negocio paga su sueldo a la propietaria en concepto de empleada, esto implica que un ente está pagando a otro distinto.

Después de esta segunda transacción, el estado de resultados aparecerá como se aprecia en el cuadro 4.3.

CUADRO 4.3
Zapatería Mauricio
Estado de resultados
Para la semana que finaliza el 6 de enero de 2015

Ventas de zapatos	500
Costo de las ventas de zapatos	(200)
Margen de las ventas de zapatos	300
Gastos operacionales	(100)
Beneficio neto acumulado	200

Los 100 dólares pagados a la dueña en concepto de gasto operacional corresponden al gasto por sueldos y salarios y en tal condición se muestra en el estado de resultados. El beneficio neto disminuye por el total de 100 dólares, tal como ocurre también con los beneficios netos acumulados y con la tesorería en el balance general.

El impacto en la ecuación contable se ve tal como sigue:

Activos = Pasivos + Patrimonio neto

Tesorería – 100 = Beneficio neto – 100

Venta de zapatos al contado y a crédito

El 21 de enero de 2015, la zapatería vendió otros cien zapatos por un total de 5.000 dólares. El costo de estos zapatos es 2.000 dólares. Los compradores de los zapatos en conjunto pagaron 3.500 dólares al contado y prometieron pagar los restantes 1.500 dólares dentro de sesenta días.

Después de esta transacción, el estado de resultados quedaría como se señala en el cuadro 4.4.

CUADRO 4.4

Zapatería Mauricio
Estado de resultados
Para la semana que finaliza el 21 de enero de 2015

Ventas de zapatos	5.000
Costo de las ventas de zapatos	(2.000)
Margen de las ventas de zapatos	3.000
Gastos operacionales	(100)
Beneficio neto acumulado	2.900

Nótese que en el estado de resultados, bajo el sistema de contabilidad por devengo, el ingreso se contabiliza en el momento en que se genera y no tiene relación con el momento en el cual se recibe el efectivo. El total de los 5.000 dólares se agrega a los 500 dólares ya existentes en la cuenta de ventas de zapatos, aun cuando sólo 3.500 dólares fueron recibidos en efectivo dentro de la venta total de las diez zapatos. Se procede de esta forma porque ha ocurrido una transacción en la cual los compradores han pagado al contado una parte de la venta y quedando la otra a crédito, con lo que se llega al total de los 5.000 dólares.

El costo de los zapatos vendidas (que es un gasto, recuérdese) aumentó en 2.000 dólares debido a que las diez zapatos que fueron vendidas tenían un costo por tal importe (cien zapatos a un precio de adquisición de 200 dólares cada una). Si miramos el balance general, el activo a corto plazo denominado inventario de existencias también habrá disminuido en ese importe, 2.000 dólares, correspondiente al costo total de las unidades vendidas.

También dentro del balance general, los beneficios netos acumulados aumentaron en 3.000 dólares (ingresos por 5.000 dólares, menos gastos por 2.000 dólares), si bien a este importe debe deducírsele igualmente el gasto de remuneraciones de 100 dólares. Ahora usted podrá ver que, debido a la relación existente entre el beneficio neto del estado de resultados y los beneficios netos acumulados del balance general, en cada oportunidad que el beneficio neto varía, los beneficios acumulados cambian, y en la misma cantidad.

De esta forma, el impacto en la ecuación contable $A = P + N$ sería como sigue:

Activos = Pasivos + Patrimonio neto
Tesorería + 3.500
Inventario de existencias – 2.000
Gastos operacionales – 100
Cuentas por cobrar + 1.500 = Beneficio neto + 2.900

Reparación de zapatos al contado

El 14 de febrero cinco clientes llegan a la empresa de Mauricio para recoger los zapatos que habían traído hacía pocos días para ser reparadas. Los clientes pagaron al contado un total de 375 dólares por las reparaciones efectuadas. El costo de los repuestos adquiridos por Mauricio el día 1 de febrero para hacer las reparaciones fue de 105 dólares. Después de esta transacción, el estado de resultados queda como muestra el cuadro 4.5.

Por otro lado, la empresa incurrió en otros gastos operacionales (sueldos y salarios) por un importe de 100 dólares.

Consecuencia de todo ello, la transacción originada por la necesidad de reparar los zapatos de sus clientes aumentó en 270 dólares el beneficio neto, la tesorería y los beneficios netos acumulados.

CUADRO 4.5

Zapatería Mauricio
Estado de resultados
Para la semana que finaliza el 14 de febrero de 2015

Ventas de zapatos	5.000
Costo de las ventas de zapatos	(2.000)
Margen de las ventas de zapatos	3.000
Ingresos por reparaciones	375
Gastos por reparaciones	(105)
Gastos operacionales	(100)
Beneficio neto acumulado	3.170

Otros gastos operacionales

Durante el año, la Zapatería Mauricio incurrió en otros gastos necesarios para operar el negocio. La empresa tuvo que pagar al banco intereses sobre la hipoteca existente. Dado que la hipoteca es por 20.000 dólares y la tasa de interés del préstamo es del 8 por 100 anual, el total de los intereses a pagar durante el año 2015 es de 1.600 dólares. Adicionalmente, la empresa compró algunas herramientas pequeñas para ser usadas en la reparación de los zapatos, las cuales le costaron un total de 50 dólares, y que imputó a gastos del ejercicio directamente. La compañía debió pagar también gastos por servicios bancarios, por un total de 15 dólares, al banco con el cual mantiene su cuenta abierta. El total de sus gastos operacionales incrementó los gastos que aparecen en el estado de resultados y redujo el saldo de tesorería y los beneficios netos acumulados del balance general.

Al finalizar el año, la propietaria estimó que de los 9.175 dólares de derechos de cobro reflejados en «Cuentas por cobrar», el montante de derechos de difícil cobro era únicamente de 175 dólares. A fin de reconocer esta situación: *a)* en el estado de resultados, Mauricio creó una categoría de gastos denominada Derechos de difícil cobro; *b)* en el balance general, aparece Cuentas por cobrar con un saldo de 9.175 dólares a 31 de diciembre de 2015, y con signo negativo la cuenta «Deterioro de las cuentas a cobrar» por 175 dólares.

El último gasto que se muestra en el estado de resultados corresponde a una póliza de seguros contratada por la empresa, el cual reduce el beneficio neto. Recuérdese que en el capítulo precedente, cuando se estudió el balance general de la empresa, para el caso de la Zapatería Mauricio se indicó que ésta adquirió el 3 de enero de 2015 una póliza de seguros sobre el edificio, por un total de 1.500 dólares y para un período de tres años. Dado que se trata de una póliza que cubre tres años, al finalizar el primer año se ha consumido un tercio de la póliza por parte del negocio. Para reconocer el «consumo» de este activo (seguros pagados por anticipado), el gasto por seguros se incrementa en 500 dólares, lo que corresponde al importe de seguros utilizado durante un año, y necesario por ello para obtener todos los ingresos generados en el año 2015. Aunque el seguro se pagó hace un año, sólo se usa un tercio en cada uno de los tres años. Cada período de tiempo que transcurre implica un gasto para la compañía, aunque el efectivo fue gastado en un año anterior.

Por esa razón, a 31 de diciembre de 2015 la cuenta «Seguros pagados por anticipado» tendrá un valor de 1.000 dólares, correspondiendo 500 al ejercicio 2016, y otros 500 al período 2017.

En este capítulo usted ha aprendido cuáles son los componentes del estado de resultados o estado de ingresos y gastos y de qué forma se interrelacionan entre sí. Ha aprendido también que los ingresos y los gastos se registran independientemente de cuándo sea el cobro o pago correspondiente.

En el capítulo 5 aprenderá a elaborar y utilizar el estado de flujos de efectivo

Respuesta al test rápido de la página 63

Es muy difícil llevar a cabo un análisis completo de una empresa mediante el estudio de un único estado financiero, en este caso, el estado de resultados. Mauricio, como propietaria, y nosotros como usuarios externos a la empresa, deberíamos estudiar también el balance general, e incluso el estado de flujos de efectivo (este último será tratado en el próximo capítulo).

Es importante destacar que la Zapatería Mauricio obtuvo un beneficio neto después de impuestos de 10.385 dólares. Suele ser habitual que las empresas obtengan pérdidas en sus primeros años de vida, de modo que este resultado es positivo.

Al planificar los años futuros, Mauricio debería decidir invertir más dinero en publicidad y expandir el negocio de reparaciones. Sólo un 10 por 100 de los ingresos de la compañía provienen de reparaciones, de forma que hay espacio suficiente para hacer crecer esta área del negocio.

Para tomar decisiones sería útil disponer de otros estados financieros, como se ha mencionado anteriormente, como de los presupuestos que haya elaborado Mauricio para los siguientes dos años, 2016 y 2017, si los hubiere confeccionado.

GLOSARIO DE TÉRMINOS

Beneficio neto. Es la diferencia entre los ingresos del período y los gastos necesarios para obtener esos ingresos. El término «beneficio» aparece tres veces en el estado de resultados. Una primera vez bajo la denominación de «beneficio (o pérdida) proveniente de las operaciones»; luego, como «beneficio (o pérdida) antes de impuestos»; finalmente como «beneficio neto después de impuestos».

Contabilidad del devengo. El concepto de acumulado o devengado hace referencia a cuándo deben reconocerse los ingresos y los gastos en el estado de resultados. Los ingresos deben reconocerse cuando hayan sido obtenidos o realizados (en el caso de nuestro ejemplo, cuando los zapatos se hayan entregado al cliente) y los gastos cuando se haya incurrido en ellos (cuando los zapatos se hayan comprado al proveedor, cuando se produzca el consumo de agua, de luz, de teléfono, de personal...), independientemente de cuándo se produzca el cobro o pago de efectivo correspondiente. A esto se le conoce en Contabilidad con el concepto de devengado.

Contabilidad sobre la base de efectivo o de caja. Bajo el método de contabilidad sobre la base de efectivo, el ingreso no es registrado sino hasta el momento en que se recibe el efectivo, y los gastos no son contabilizados sino hasta el momento en que se desembolsa el efectivo. La razón por la cual los negocios pequeños pueden utilizar el método de contabilidad sobre la base de efectivo o de caja, es que es más fácil de usar que la contabilidad por devengo. En este caso, los asientos contables se hacen sólo cuando se produce realmente el intercambio de efectivo.

Costo de los bienes vendidos o ventas a precio de adquisición. Es el importe de las ventas realizadas por la empresa, pero a precio de adquisición.

Estado de resultados. El estado de resultados presenta un resumen de los ingresos de la empresa (lo que la empresa ha ganado por la venta de sus mercancías, productos terminados o servicios) y los gastos (lo que se ha tenido que gastar la empresa para ganar esos ingresos) durante un específico período de tiempo, tal como un mes, un trimestre o un año. Este lapso de tiempo es conocido como período o ejercicio contable.

Gastos. Los gastos representan los bienes o servicios que ha necesitado consumir la empresa durante el ejercicio para poder realizar su actividad, y con ello obtener los ingresos del período. Ejemplos de gastos son los alquileres, los consumos básicos (luz, agua, teléfono...), sueldos y salarios, gastos por servicios bancarios, gastos por pólizas de seguros, gastos por derechos de difícil cobro, pequeños gastos en utillaje... Otro gasto igualmente necesario para poder generar los ingresos es el propio precio de compra de los bienes vendidos, o costo de las ventas.

Gastos por derechos de difícil cobro. Este gasto representa la cantidad de cuentas por cobrar que la compañía considera de difícil cobro (porque ha pasado ya un determinado período de tiempo y no se ha cobrado, porque la empresa del cliente está inmersa en concurso de acreedores...).

Ingresos. En el estado de resultados, los ingresos constituyen lo que la empresa ha ganado durante un período de tiempo por la venta de sus mercaderías, de los productos terminados o por la prestación de servicios a sus clientes. Los ingresos pueden provenir de distintas fuentes: una empresa puede generar ingresos ya sea por ventas o prestaciones de servicios, intereses, dividendos, derechos sobre marcas o concesiones, o una combinación de estos conceptos. La suma de todas estas fuentes de ingresos corresponde al total de ingresos de una empresa durante ese período.

Margen de las ventas. Es la diferencia entre las ventas a precio de venta y las ventas a precio de adquisición.

Reconocimiento. Este término se refiere a la anotación de los ingresos y gastos en los registros contables de la empresa. Los ingresos y los gastos se reconocen (y por tanto se registran, se contabilizan) en el momento en que se generan (devengan), independientemente de cuándo es el cobro o el pago de los mismos.

5. El estado de flujos de efectivo

- **¿Qué es un estado de flujos de efectivo?**
- **¿Cuál es el propósito del estado de flujos de efectivo?**
- **Efectivo y equivalente de efectivo.**
- **Actividades operacionales.**
- **Actividades de inversión.**
- **Actividades de financiamiento.**
- **Glosario de términos.**

Después de analizar el balance general y el estado de resultados de la zapatería, Mauricio obtuvo una idea clara de cuáles eran los bienes y derechos de su empresa y cuánto debía, como también de cuál era su beneficio neto para el año 2015. Aunque la situación de la empresa es optimista, Mauricio tiene una pequeña preocupación, y la presenta en la reunión con su asesor contable: «He leído que muchos negocios pequeños suelen entrar en bancarrota, no porque no estén ofreciendo un buen producto o un gran servicio, sino porque se quedan sin efectivo (tesorería). ¿Es cierto eso?».

«Bueno, Mauricio, es cierto. Tal y como discutimos en el capítulo 4, contar con una cifra adecuada de beneficios netos en el ejercicio o acumulados no es lo mismo que contar con efectivo. Y si no hay efectivo, no existe forma de pagar los sueldos, a los proveedores, los impuestos o pagar cualquier tipo de factura, si a eso vamos».

En este capítulo discutiremos el estado de flujos de efectivo, lo que ayudará a Mauricio en su aventura de mantenerse al timón del flujo de efectivo en su negocio.

¿Qué es un estado de flujos de efectivo?

Para que los estados financieros de una empresa estén de acuerdo con los principios de contabilidad generalmente aceptados, el estado de flujos de efectivo debe incluirse como uno de los cuatro estados financieros requeridos. (¿Recuerda usted cuáles son los otros tres? Son el balance general, el estado de resultados y el estado de cambios en el patrimonio neto.)

El estado de flujos de efectivo muestra el flujo de efectivo dentro de una empresa —de dónde viene el efectivo y cómo se gasta durante el período cubierto por el informe (el cual generalmente corresponde a un mes, un trimestre o un año)—. Muestra también el flujo de efectivo de la empresa dividido en categorías de acuerdo con tres divisiones principales: *operacionales, de inversión y de financiamiento.* Este estado financiero es útil para usuarios, dueños de negocios, inversionistas y acreedores porque indica el tipo de transacción que origina cada uno de los flujos de efectivo.

Adicionalmente, el estado de flujos de efectivo difiere del balance general y del estado de resultados en dos aspectos importantes. El balance general muestra el estado de la empresa al final del período cubierto por el informe (una foto instantánea, una situación estática) pero ambos, el estado de resultados y el estado de flujos de efectivo, muestran el flujo de actividad durante el período del informe (un filme de corta duración, si se le compara con el balance general, una situación dinámica).

La segunda diferencia es que el estado de resultados reporta esta actividad sobre la base del devengo y el estado de flujo de efectivo lo reporta sobre la base de efectivo; recuerde que en el capítulo 4, si se aplicara el sistema de contabilidad sobre base de efectivo, los ingresos no se reconocerían hasta que se recibiera el efectivo y los gastos no se reportarían hasta que se hiciera el desembolso de efectivo.

¿Cuál es el propósito del estado de flujos de efectivo?

Al igual que los otros estados financieros que usted ya conoce —el balance general y el estado de resultados— el estado de flujos de efectivo permite a sus usuarios tomar decisiones respecto de la empresa. El estado de flujos de efectivo se parece más al estado de resultados que al balance general en cuanto a que también es un estado financiero que muestra cambios, variaciones. Muestra las transacciones que ocasionaron los cambios que el efectivo ha experimentado desde el inicio de las operaciones hasta el final del período respectivo. Como se mencionara previamente, una empresa puede generar una cantidad de ingresos importante, pero puede carecer de efectivo para pagar sus deudas; esto puede ocurrir si los ingresos se han generado, total o parcialmente, a crédito, esto es, por promesas de pago que se concretarán en el futuro, estando esto recogido en la partida «Cuentas por cobrar». Por ello es importante revisar la posición de la empresa en términos de su tesorería para poder hacer un pronóstico fiable de cobros y pagos para el futuro.

Existen múltiples situaciones que le harán acudir al estado de flujos de efectivo para obtener la información requerida y con ello dar respuesta a preguntas tales como: ¿Tendrá usted suficiente dinero al finalizar el mes para comprar más mercancías?, o ¿tendrá usted en el futuro el efectivo necesario para comprar la maquinaria necesaria para adaptarse a los cambios experimentados por el sector, o simplemente a la demanda de sus clientes potenciales?, o ¿tendrá usted el dinero necesario para comprar un nuevo edificio para una expansión que ha planeado?, etc.

Efectivo y equivalente de efectivo

En las empresas, el término efectivo o tesorería tiene un significado más amplio que el simple importe de dinero que se tiene a mano en caja o en el banco a fin de año o en cualquier otro momento. También forman parte del concepto de efectivo las inversiones cuasi líquidas de corto plazo. Inversiones cuasi líquidas son aquellas que pueden ser transformadas rápidamente en dinero en efectivo, usualmente mediante liquidación, como los depósitos bancarios de disposición inmediata, o vendidos, como es el caso de los valores negociables o los certificados de depósito.

Por esta razón, a este tipo de inversiones líquidas de corto plazo suele denominárselas como «cuasi efectivo, cuasi líquidas» o equivalentes de efectivo. Para los efectos de este capítulo, usaremos el término *efectivo o tesorería* entendiendo que se refiere a todas las partidas mencionadas.

CUADRO 5.1

Ejemplos de Equivalente de efectivo

- Depósitos bancarios a corto plazo.
- Efectos comerciales a corto plazo (letras, pagarés, etc.).
- Cualquier inversión que tenga un plazo de vencimiento menor a tres meses.
- Certificados de depósito.
- Cuentas en el mercado monetario.
- Bonos gubernamentales emitidos por tesorería.

— Ilustración de un estado de flujos de efectivo

Cuando usted analiza el balance general que se muestra en el cuadro 3.2, puede ver cuánto efectivo tenía la Zapatería Mauricio al finalizar el año 2015, 17.385 dólares. Al revisar el estado de flujos de efectivo que se muestra en el cuadro 5.2, se puede ver el origen de ese efectivo y su correspondiente aplicación durante el año 2015.

CUADRO 5.2

Zapatería Mauricio Estado de Flujo de Efectivo
A 31 de diciembre de 2015

Nota: Los paréntesis denotan una resta.

Flujo de efectivo proveniente de las operaciones		
Beneficio neto acumulado	10.385	
Aumento en cuentas por cobrar	(9.000)	
Aumento en inventarios de existencias	(23.000)	
Aumento en seguros pagados por anticipado	(1.000)	
Aumento en cuentas por pagar	3.000	
Total de efectivo proveniente de las operaciones		(19.615)
Efectivo proveniente de las actividades de inversión		
Compra de un camión	(8.000)	
Compra de un edificio	(25.000)	
Compra de terreno	(10.000)	
Total de efectivo proveniente de actividades de inversión		(43.000)
Efectivo proveniente de las actividades de financiamiento		
Préstamo hipotecario obtenido	20.000	
Capital	60.000	
Total de efectivo proveniente de las actividades de financiamiento		80.000
Aumento neto en efectivo y equivalentes de efectivo		17.385

Nótese que 17.385 dólares es la misma cifra que aparece como saldo de efectivo final en el balance general del cuadro 3.2. Puesto que no había un saldo de efectivo anterior, 0 dólares + cambio =

= 17.385 dólares.

A continuación analizaremos de forma detenida cada una de las secciones de este estado financiero.

Actividades operacionales o de la explotación

Como se mencionó anteriormente, el estado de flujos de efectivo informa de los flujos de efectivo en tres áreas: actividades operativas, actividades de financiamiento y actividades de inversión. Esto es así porque un detalle de flujos de efectivo es más significativo para los dueños de una empresa, los inversionistas y acreedores que analizan la empresa, cuando ellos pueden determinar el tipo de transacciones que dieron origen a cada uno de los flujos de fondos.

La sección relativa a operaciones del estado de flujo de fondos muestra cuánto del efectivo se originó en las transacciones que constituyen la razón de ser de la entidad; es decir, en las operaciones del día a día del negocio en marcha. En el caso de la Zapatería Mauricio, el efectivo generado por las operaciones debería incluir el dinero que ha sido aportado por la venta de zapatos y por las reparaciones. Este estado siempre comienza con los beneficios netos. A continuación se suman o restan las operaciones que ocasionan incrementos o disminuciones en el efectivo.

Considerando que no todas las ventas de zapatos que hace la compañía (ingresos) fueron pagadas al contado por los compradores, del importe del beneficio neto deben restarse las ventas a crédito (cuentas por cobrar), para determinar el importe de efectivo generado por estas ventas. A partir del estado de resultados, sabemos que hubo ingresos por ventas por 35.500 dólares. En el cuadro 5.2 podemos ver que las cuentas por cobrar se han incrementado a partir del saldo inicial, que es 0 dólares (la cantidad de dinero que la compañía tenía desde el comienzo de año), para llegar a un saldo final de 9.000 dólares. Éste es un aumento neto en cuentas por cobrar, la cantidad a recibir, menos la provisión (o deterioro) para cuentas incobrables. Lo anterior significa que de todas las ventas que se hicieron durante el año (35.000 dólares), no se han cobrado aún 9.000 dólares.

El inventario también se ha incrementado desde el saldo inicial de 0, hasta 23.000 dólares al finalizar el año. Este cambio indica un crecimiento en un activo, en inventario, y una disminución en otro activo, tesorería, porque se utilizó efectivo para comprar el inventario. Dado que la compra de inventario se hizo en efectivo (más tarde verá usted cómo se hace el ajuste por la cantidad que se compró a crédito), debe usted restar el aumento del inventario para determinar el efectivo generado por las operaciones. La reducción en el beneficio neto en nuestro ejemplo es de 23.000 dólares.

Los seguros pagados por anticipado representan el pago en efectivo que se hizo por una póliza del seguro que será utilizado en el futuro. En este ejemplo, la Zapatería Mauricio pagó 1.500 dólares en efectivo por este concepto. Puesto que la póliza cubre tres años, al finalizar el primer año, 2015, se habrá consumido un tercio del total pagado. El saldo del activo Seguros pagados por anticipado cubrirá los siguientes dos años. Los 500 dólares que representan la cobertura de seguros para 2015 se muestran en el estado de resultados como un gasto y han reducido en esa misma cantidad el activo Seguros pagados por anticipado. El saldo restante en la cuenta Seguros pagados por anticipado representa un sobrante de efectivo que no es incluido en el estado de resultados. Por esta razón, necesita ser restado del beneficio neto en la sección de actividades operacionales.

(Usted podría sentirse confundido sobre por qué, en el caso de inventarios, el total de este importe fue deducido en el estado de flujos de efectivo, si bien en el caso del seguro se restó sólo una parte. La diferencia entre inventario y seguros es el hecho de que el importe de inventario fue enteramente vendido, lo que creó la necesidad de hacerle un ajuste por la cantidad total. Para el caso del seguro, sólo ha sido utilizado un tercio y, por ende, sólo un tercio necesita ser ajustado en el estado financiero.)

El saldo en cuentas por pagar se ha incrementado desde 0 dólares del inicio de año, hasta el saldo final de 3.000 dólares. Este importe representa la compra a crédito de inventario (zapatos). En la parte superior del estado restamos 23.000 dólares al beneficio neto por la compra de inventario, pero solamente 20.000 fueron pagados en efectivo y los restantes 3.000 dólares son una deuda para con el proveedor (cuentas por pagar) que volvemos a sumar. En el ejemplo, ésta es la razón para el ajuste por 3.000 dólares.

Cuando se hayan hecho todos estos ajustes al beneficio neto, el total representará el efectivo proveniente de las operaciones. En el ejemplo propuesto, hay un flujo negativo de efectivo por 19.615 dólares. En el caso de la zapatería esto significa (tal como puede observarse en el cuadro 5.2) que, en vez de haber recibido todo el efectivo proveniente de las ventas, la Zapatería Mauricio permitió que algunas personas pagaran posteriormente (9.000 dólares en cuentas por cobrar). Adicionalmente, Mauricio pagó 23.000 dólares para comprar más inventario y también compró seguros, lo que redujo más el saldo de efectivo, pero no redujo el saldo del beneficio neto. Finalmente, se tomó en préstamo 3.000 dólares en la forma de una cuenta por pagar que permitió a la compañía comprar parte del inventario sin disminuir el saldo de efectivo.

Es importante notar que tener un saldo de efectivo negativo no es necesariamente algo malo. En este caso es aceptable debido a que la empresa está a la espera de recibir efectivo de las cuentas por cobrar, en un período breve de tiempo. Sin embargo, si la empresa fuese a funcionar con un flujo de efectivo negativo durante un período prolongado de tiempo, ello podría poner en serio riesgo sus niveles de efectivo disponible y su capacidad de cancelar sus propias deudas.

Actividades de inversión

Cada vez que una empresa hace una compra de activos a largo plazo (bienes raíces, inmovilizados, activos fijos), esta adición es considerada como una inversión para la organización. Esta inversión representa la salida de un flujo de efectivo para la empresa. Incluso en el caso de que la adquisición no se hubiese hecho enteramente en efectivo, sino mediante un préstamo, la compra total se muestra como flujo de efectivo en la sección de Inversión del estado de flujo de efectivo, y cualquier préstamo que se haya tomado se muestra de forma separada en la sección Financiamiento.

En el cuadro 5.2 podemos ver que la Zapatería Mauricio compró tres activos a largo plazo durante 2015. Compró terrenos por 10.000 dólares, un edificio por 25.000 dólares y un camión por 8.000 dólares, todos los cuales aparecen como flujos de caja negativos en la sección de Actividades de inversión del estado de flujos de efectivo. El total de estas adquisiciones representa una salida de flujo de caja por concepto de actividades de inversión por 43.000 dólares.

Actividades de financiamiento

La sección denominada Actividades de financiamiento representa el efectivo que ha entrado o salido de la empresa con el propósito de financiar todas las demás actividades del negocio. Esto podría incluir los beneficios netos acumulados y el dinero que ha ingresado por la emisión de acciones de capital de la empresa o, como se puede apreciar en el cuadro 5.2, por los 60.000 dólares que Mauricio invirtió en el negocio durante el primer día de actividades (recuerde que el dinero de Mauricio se contabiliza de forma separada del dinero de la compañía. Si él invierte fondos personales en el negocio, mientras esto representa una disminución en sus fondos personales disponibles, por otro lado representa un incremento en los fondos del negocio). Debido a que esta inversión se realizó en efectivo, se presenta como un incremento en los flujos de caja provenientes de las actividades de financiamiento. Además de esta inversión hecha por Mauricio, él también negoció un préstamo a plazo a 15 años, destinado a la compra del terreno y del edificio. El préstamo por 20.000 dólares también aparece como un ingreso de efectivo para la empresa y es, por tanto, un incremento en los flujos de efectivo proveniente de las actividades de financiamiento. El total de estos dos ítems es de 80.000 dólares y representa el total de flujos de efectivo que ingresó en la empresa debido a las actividades de financiamiento durante el año 2015.

El total de los tres flujos de efectivo —proveniente de las operaciones, de las actividades de inversión y de las actividades de financiamiento— representa el total de entradas y salidas de flujos de efectivo que tuvo el negocio en el año 2015. En el ejemplo, esto representa un incremento de 17.385 dólares. Nótese que este total representa la variación que ha experimentado el efectivo desde el inicio y hasta el final del año de sus actividades. Al comienzo del año, el saldo de efectivo era de 0 dólares y al final era 17.385 dólares, como incremento neto.

En este capítulo, usted ha aprendido cómo preparar un estado de flujos de efectivo. En el capítulo 6 aprenderá cómo difiere la contabilidad que lleva una sociedad anónima respecto de la que lleva una empresa de propiedad unipersonal.

GLOSARIO DE TÉRMINOS

Actividades de financiamiento. Es la tercera de las categorías correspondientes a las actividades del negocio y que aparece en el estado de flujos de efectivo. En esta sección aparece tanto el efectivo que ha ingresado como el que ha salido de la empresa debido a la necesidad de financiar todas las actividades. En el caso de la Zapatería Mauricio, en esta sección se incluyó el dinero facilitado por terceros mediante un préstamo hipotecario, cuyo importe se invirtió en el negocio de Mauricio.

Actividades de inversión. Es otra de las categorías de la actividad comercial reflejadas en el estado de flujos de efectivo. Esta sección del estado de flujos de efectivo muestra las compras de activos a largo plazo (inmovilizados, bienes raíces). Estos ítems son tratados como inversiones en la organización y representan una salida de fondos para ella.

Actividades operacionales. Es una de las tres categorías de actividad comercial representadas en el estado de flujos de efectivo. Esta sección del mencionado estado muestra cuánto efectivo fue generado mediante las operaciones de la empresa, es decir, en el funcionamiento diario de la empresa. En el caso de la Zapatería Mauricio, esta sección incluiría el efectivo generado mediante la venta y reparaciones de zapatos.

Equivalentes a efectivo. Corresponde a lo que se denomina *cuasi dinero* (cuasi líquidos) mantenido por un negocio, como inversiones líquidas de corto plazo, depósitos a plazo de 90 días o menos y que pueden ser convertidos en efectivo de forma rápida.

Estado de flujos de efectivo. Es uno de los cuatro estados financieros que se requieren. Este estado muestra el origen del efectivo y cómo fue gastado en el año que está siendo contabilizado.

Tesorería o efectivo. Incluye dinero en efectivo, billetes, monedas, saldos en las cuentas bancarias, como también cualquier ítem que sea aceptable en las cuentas corrientes, tales como cheques recibidos, vales a la vista.

6. Las sociedades

- **Concepto de sociedad**
- **Características de las sociedades**
- **¿Qué es el capital accionarial?**
- **Tipos de acciones de capital.**
- **Dividendos y partición de acciones.**
- **¿Qué son las acciones en tesorería?**
- **Glosario de términos.**

Hasta el momento nos hemos centrado en la compañía Zapatería Mauricio, la cual es una empresa de un solo propietario; en este caso, la entidad tiene un solo dueño, Mauricio. Ahora Mauricio está pensando en hacer crecer su negocio, y se ha enterado de que incorporando a otras personas que fuesen también propietarios, podría disponer de capital adicional, y con ello proceder a expandir el negocio. A este respecto, ha decidido investigar la posibilidad de transformar su negocio en una sociedad, concretamente en una sociedad, vendiendo acciones comunes con ese propósito.

Consejo rápido

La otra cara de transformarse en una sociedad. Aunque transformarse en una sociedad puede traer muchos beneficios a las empresas, debe hacerse notar que el propietario pierde el control parcial o la mayoría del control en relación con los demás accionistas. También se incrementa la cantidad de papeleo y la necesidad de supervisión. Por ello, antes de tomar la decisión de transformarse en sociedad, es conveniente buscar la asesoría profesional de un contador, abogado y asesor financiero para analizar los pros y contras de tal decisión.

Concepto de sociedad

Las sociedades son entidades constituidas por una o más personas que comparten la propiedad de un solo negocio o empresa. Estos propietarios pueden tomar parte en la dirección de la empresa o no. Muchos de estos accionistas son simples ciudadanos que invierten dinero en estas sociedades mediante las acciones de capital que han comprado.

En una sociedad, una persona se convierte en propietario mediante la compra de acciones de capital, transformándose en un accionista. Los accionistas pueden tener o no derecho a voto en las decisiones que afectan a la empresa a largo plazo, dependiendo del tipo de acción que hayan comprado. Además, por el hecho de ser simplemente un accionista, ello no les da derecho a la toma de decisiones en las operaciones del día a día.

Características de las sociedades

Existe una gran cantidad de características que diferencian una sociedad de las demás formas de negocios. Una de estas características que la distinguen de una empresa de propiedad unipersonal es su responsabilidad limitada. Esto significa que los acreedores de la sociedad pueden ejercer acciones solamente sobre los activos de la sociedad. Los acreedores de las empresas de un solo propietario pueden ejercer su derecho sobre los activos personales de cada dueño en el caso de que los activos de las empresas no sean suficientes para cubrir las obligaciones con los acreedores. Las sociedades son relativamente fáciles de constituir. Con más de un propietario es posible incrementar la capacidad para reunir fondos. A los empleados puede llamarles la atención trabajar para el negocio si se les ofrece el incentivo de convertirse en socios. La empresa generalmente se ve beneficiada por las capacidades complementarias de cada uno de los socios, siendo estos responsables tanto individual como colectivamente por las acciones de los otros socios.

La sociedad unipersonal es aquella que consta de un único socio, bien sea porque fue constituida como tal por un socio único, o porque con el transcurso del tiempo, el número de socios quedó reducido a uno.

Hay una variedad de razones por las cuales a la compañía Zapatería Mauricio le podría interesar transformarse en una sociedad. Algunas de estas razones podrían incluir: i) obtener dinero adicional sin que ello implique que el (los) dueño(s) deban recurrir a sus propios fondos; ii) eliminar la responsabilidad legal personal de los individuos dueños de la entidad y proteger sus activos personales, y iii) asegurarse la obtención de diversas ventajas tributarias. Las sociedades pueden incluso aparecer ante los ojos de la comunidad y ante el público en general como más confiables.

¿Qué es el capital accionarial?

Cuando una sociedad se constituye legalmente, tiene el derecho de vender al público una cantidad definida de acciones de capital. Cada acción representa una parte de la propiedad de la empresa; esta cantidad de acciones se llama capital autorizado. La empresa puede vender tantas acciones como desee, pero sólo hasta llegar al importe máximo autorizado y no más; cuando se efectúa la venta inicial de acciones de capital, la empresa recibirá la cantidad correspondiente de efectivo.

Tomados en su conjunto, los accionistas son los propietarios de la sociedad y legalmente pueden recibir una distribución de los activos de su empresa de dos formas: primero, la sociedad puede ser liquidada, es decir, pagarse todos los pasivos y distribuir luego entre los accionistas todos los activos remanentes, lo cual significa que la sociedad cesa sus operaciones y, segundo, la sociedad puede pagar dividendos a sus accionistas.

Tipos de acciones de capital

Usualmente pueden emitirse dos tipos de acciones autorizadas por el Estado: las acciones comunes y las acciones preferentes.

Las acciones comunes y las acciones preferentes pueden tener valor par o no tenerlo. Valor par es el valor que pueden asignar a sus acciones los negocios en el momento de transformarse en sociedades. Si una acción tiene valor par, tal valor aparece en el certificado de acciones (por ejemplo, 1 euro, 10 dólares, 50 dólares de valor par y así sucesivamente). Las acciones rara vez son vendidas por debajo de su valor par cuando son vendidas por primera vez, ya sea porque el Estado tiene leyes que evitan que se produzca esta forma de venta, o porque las leyes permiten a los acreedores de las sociedades hacer personalmente responsables a los accionistas hasta el límite de tales descuentos.

CUADRO 6.1
ALGUNAS CARACTERÍSTICAS DE LAS ACCIONES COMUNES Y LAS PREFERENTES

Los accionistas comunes tienen derecho a voto para elegir (y ser elegidos) en el directorio de la sociedad. Usualmente los accionistas preferentes no tienen este derecho.

Los accionistas preferentes tiene derecho preferente sobre los dividendos: es decir, en cualquier año que el Consejo de Administración declare dividendos, debe asignarse a los accionistas preferentes su parte de los dividendos antes de que pueda hacerse lo mismo con los accionistas comunes.

Los accionistas preferentes tienen derecho a una parte fija de los dividendos en cualquier año, en tanto que el derecho de los accionistas comunes sobre ellos no está limitado.

En el caso de que la sociedad fuese liquidada, el derecho de los accionistas preferentes sobre los activos de la empresa tiene precedencia sobre el derecho de los accionistas comunes.

La mayoría de los dividendos preferentes son acumulativos. Esto significa que si a los accionistas preferentes no se les paga parte o todos los dividendos en cualquier año, el pago que ellos reciban en los años siguientes debe ofrecer cobertura suficiente para completar los saldos pendientes, antes de que los accionistas comunes puedan recibir sus propios dividendos.

¡Alerta!

Para entender cómo se calculan los dividendos. Las acciones comunes de 10 por 100 de una sociedad, valor par 100 dólares, deberían recibir 10 dólares de dividendo cada año. Por su parte, las acciones preferentes de 10 por 100, también con valor par de 100 dólares, deberían recibir los mismos dividendos de 10 dólares cada año. Pero si se pagaran sólo 6 dólares de dividendos en un año determinado, al año siguiente, a los accionistas preferentes debería pagárseles los 4 dólares faltantes del año anterior, más los 10 dólares acumulados en el año en curso, antes de que los accionistas comunes puedan recibir algún importe por los dividendos.

Cuando los dividendos acumulativos de una acción preferente no se pagan, se dice que estos dividendos se postergan, por lo cual debe hacerse una anotación en la memoria de la empresa detallando la cantidad de dividendos que se posterga. Algunas acciones preferentes ofrecen dividendos que no son acumulativos, lo cual significa que si transcurre un año y los accionistas preferentes no reciben sus dividendos, esos accionistas nunca los recibirán, por no ser acumulativos.

Algunas acciones preferentes son de participación acumulativa, lo que significa que el derecho preferente de estas acciones no está establecido de forma rígida para todos los años. Estos accionistas, en aquellos años «buenos» pueden compartir con los accionistas comunes el pago de dividendos que éstos reciban por encima del porcentaje correspondiente al accionista preferente. En estos casos, el importe o porcentaje de dividendos que recibirán los accionistas preferentes por encima de los ya recibidos varía considerablemente de unas empresas a otras, según lo determine el consejo directivo.

Test rápido

Suponga que la Sociedad Blanca ha emitido 10.000 acciones en circulación, del tipo de participación acumulativa. Existen 20.000 acciones comunes de 10 por 100, las cuales recibirán dividendos de 10 dólares por acción. Estas acciones preferentes son también del tipo 10 por 100 y tienen un valor par de 100 dólares. Las acciones preferentes participan en el nivel de 30 por 100, lo que significa que estos accionistas tienen derecho a recibir hasta un 30 por 100 de cualquier exceso de dividendos remanentes una vez hecho el pago inicial de dividendos. El dividendo declarado por la junta directiva de la empresa este año fue de 500.000 dólares. ¿Cuánto será el importe total de dividendos a que tendrán derecho tanto los accionistas comunes como los preferentes durante este año?

[Véase la respuesta en la página 106]

Dividendos y partición de acciones

En términos generales, una sociedad no puede pagar dividendos cuando este hecho provoque una reducción en el capital legal que lo deje por debajo del importe legalmente establecido. Usualmente los dividendos pueden ser pagados, pero sólo hasta el importe del total de los beneficios acumulados retenidos por la entidad.

¡Alerta!

Las corporaciones tienen dos objetivos: 1) maximizar el beneficio neto, y 2) satisfacer a los accionistas con el incremento actual del precio de las acciones que poseen, o con las expectativas de futuros incrementos en el precio de la acción. El hecho de pagar dividendos en efectivo es como una espada de doble filo porque, por un lado, satisfará las necesidades de los accionistas por contar con efectivo, pero, por otra parte, puede despojar a la entidad del efectivo para futuras inversiones, y por tanto, incidirá en su crecimiento. Por ello, la administración necesita calibrar ajustadamente este equilibrio para satisfacer los objetivos de corto y de largo plazo de los accionistas.

Además y como es obvio, una sociedad no puede pagar dividendos a menos que cuente con el efectivo para poder hacerlo y que este efectivo no se requiera para otros propósitos. A menudo una sociedad puede tener una cantidad importante en beneficios acumulados, como resultado de pasadas operaciones exitosas, pero puede tener muy poco de efectivo, lo que reduce su capacidad de pagar dividendos.

Dividendos que no requieren efectivo

Los dividendos pueden clasificarse en dos categorías: en efectivo y en acciones. Las corporaciones a menudo declaran y emiten dividendos en acciones en vez de dividendos en efectivo. Sólo cuando la junta directiva declara dividendos, éstos se transforman en una obligación para la sociedad. Una vez que se declaran los dividendos, la sociedad queda legalmente obligada a pagarlos o a emitir acciones adicionales dentro de un período de tiempo especificado. Cuando se declara un dividendo en acciones, la sociedad emite acciones comunes adicionales para entregarlas a los accionistas, en reemplazo del efectivo.

En verdad, existen diferentes razones para que una sociedad prefiera emitir acciones comunes adicionales en vez de pagar los dividendos en efectivo. Puede que no haya efectivo suficiente para pagar los dividendos, de modo que, en vez de dejar de pagarlos durante ese año, en su reemplazo, el consejo directivo de la entidad puede decidir emitir nuevas acciones. Otra razón para emitir dividendos en acciones puede ser que la entidad requiera del efectivo para otros propósitos. Si, por ejemplo, se está planeando una expansión de las operaciones hacia Brasil, y se necesita acumular efectivo para iniciar tales operaciones, la entidad puede recurrir a una emisión de acciones para pagar dividendos y reservar el efectivo necesario para la expansión.

¡Alerta!

Restricciones para la emisión de dividendos en acciones. Para que una sociedad pueda emitir dividendos en acciones, debe contar con una cantidad suficiente de acciones que hayan sido autorizadas y que no hayan sido emitidas. Si no fuese el caso, la sociedad debe solicitar la respectiva autorización a la entidad correspondiente.

Partición de acciones

Una compañía puede declarar una partición (división) de acciones en reemplazo al pago de dividendos en efectivo. La partición incrementa el número de acciones en circulación y disminuye el valor par de cada acción, debido a que el importe del capital permanece constante. Las acciones pueden dividirse en distintas proporciones, por ejemplo, dos por una, tres por una, tres por dos, y así sucesivamente (en el caso «dos por una», cada acción se transforma en dos acciones). La partición de tres por dos implica que se emiten tres acciones por cada dos. Así, por ejemplo, un accionista que posee diez acciones tendrá quince acciones después de la partición. Tanto en el caso de que una sociedad decida entregar dividendos en acciones como en el de que haga una partición de acciones, debe contar de forma previa con la autorización de las autoridades respectivas para la emisión de acciones adicionales. Si la sociedad contara con una cantidad de acciones autorizadas pero que aún no habían sido emitidas, la autorización es innecesaria.

Si una empresa contara con autorización para emitir 10.000 acciones en el momento de constituirse en sociedad, y hubiese emitido solamente 3.000 a la fecha, pero esa cantidad no fuese suficiente para cubrir la partición, la entidad debe pedir autorización estatal para un incremento en la emisión.

Una sociedad puede tener varias razones para hacer la partición de acciones. Una razón es que con la partición se aumente el número de acciones que circulan en el mercado, lo cual puede implicar que, a lo largo del tiempo, más personas sean propietarias de la entidad. Es deseable contar con muchos inversionistas porque eso genera mayor interés del mercado en las acciones de la sociedad, como también en la empresa misma, la cual tiene el potencial de incrementar el precio de las acciones y conseguir también que haya nuevos inversionistas dispuestos a invertir más dinero en la empresa. Otra razón para la partición de acciones es que el incremento en el número de éstas reduce, obviamente, el precio unitario por acción, con lo cual de nuevo se facilita que más personas puedan comprar esas acciones. Otra razón es que existen muchos inversionistas que prefieren tener 100 acciones a 50 dólares cada una y no 50 acciones a 100 dólares cada una, incluso sabiendo que la cantidad total de dinero invertido en la entidad y la proporción de propiedad que tendrán en ella es idéntica para ambas opciones. La lógica en este caso es que los honorarios de intermediación por transacciones de números redondos de acciones (lotes de 100 acciones o múltiplos de 100) son menores que en el caso de lotes irregulares (menores de 100 acciones).

Transformación de la compañía Zapatería Mauricio en una sociedad

A Mauricio se le han transmitido todas estas explicaciones y que la perspectiva de lograr capital adicional para su negocio le puede resultar altamente atractiva. Se ha percatado de que transformándose en sociedad, le resultará posible expandir su negocio sin necesidad de poner más dinero de su propio bolsillo. Con ello, Mauricio toma la decisión de transformar su negocio en sociedad tratando de mantener al máximo su actual nombre, a fin de no confundir a los clientes actuales, por lo que decide denominarla Sociedad Zapatería Mauricio.

Cuando la nueva sociedad vende acciones, se incrementa el efectivo (si la venta de las acciones se hizo en efectivo) y se incrementa en el mismo importe la cuenta de acciones comunes. Por ejemplo, cuando 120.000 acciones comunes, valor 50 dólares, se venden en efectivo por 60 dólares, el efectivo se aumenta en 7.200.000 dólares; la cuenta de acciones comunes aumenta en 6.000.000 de dólares (120.000 acciones × 50 dólares de valor par) y otra cuenta denominada prima de emisión (por sobreprecio del capital común) aumenta en 1.200.000 dólares. Esta prima de emisión representa una cantidad que la sociedad ha recibido por encima del valor par de las acciones. Esta cuenta es también parte del capital accionarial.

Usted pudiera estar preguntándose por qué el importe pagado por las acciones es superior al valor par. Recuerde que el valor par es un simple valor asignado a cada acción cuando el negocio se transformó en sociedad. Conforme a la legislación de muchos estados, los activos no pueden venderse por un importe inferior al valor a la par, pero sí puede ser vendido por un importe superor a dicho valor. Una vez los activos son colocados en el mercado, serán vendidos normalmente por un importe superior al valor par.

El impacto en el balance general se muestra en el cuadro 6.2.

CUADRO 6.2

Cambios en el balance general

Activos corrientes		Patrimonio neto	
Tesorería	7.200.000	Capital (acciones comunes 50 dólares par)	6.000.000
		Prima de emisión	1.200.000
			7.200.000

Cuando las acciones no tienen valor par, pero la junta directiva ha asignado un valor a la acción sin valor par, las transacciones de venta de las acciones se contabilizan de forma similar a lo que se ha mostrado en el cuadro 6.2. El importe añadido a la cuenta de acciones comunes es igual al importe establecido para las acciones que se han vendido y cualquier sobreprecio es agregado a la cuenta Prima de emisión. La venta de acciones preferentes causaría los mismos cambios que se han ilustrado en el ejemplo, con la excepción de que el título de la cuenta sería acciones preferentes y la prima de emisión sería para las acciones preferentes.

Cuando las acciones no tienen ni valor par ni valor establecido, la cuenta de acciones comunes aumenta en la cantidad que se logre por la venta de las acciones. Por ejemplo, si se venden 10 acciones comunes sin valor par en 100 dólares, la cuenta de acciones comunes y la de efectivo se incrementan en 100 dólares. Si días más tarde se venden otras diez acciones en 115 dólares, la cuenta de acciones comunes se incrementa en 115 dólares y así sucesivamente.

Pago de dividendos en efectivo

Cuando la junta directiva declara un pago de dividendos, la cuenta de beneficios netos acumulados disminuye y se incrementa una cuenta de pasivos corrientes. Por ejemplo, si una sociedad tiene 150.000 acciones de capital común en circulación y la junta directiva declara un dividendo de 0,20 dólares por acción, la cuenta de beneficios netos acumulados disminuye en 30.000 dólares (150.000 acciones × 0,20). El balance general cambia como lo ilustra el cuadro 6.3.

CUADRO 6.3

Cambios en el balance general

Pasivos corrientes	
Dividendos a pagar	(30.000)
Patrimonio neto	
Capital (acciones comunes)	0)
Beneficio neto acumulado	(30.000)
Total pasivos y patrimonio neto	Sin cambios

Cuando los dividendos se pagan realmente, se reduce el efectivo y disminuye también la cuenta de dividendos por pagar. Tomando los datos del ejemplo anterior, cuando se pagan los dividendos, el efectivo disminuirá en 30.000 dólares y el pasivo denominado «dividendos por pagar» se eliminaría del balance general o aparecería con saldo cero.

Los estados financieros resultan modificados de la misma forma cuando se declaran y pagan dividendos en efectivo a los accionistas preferentes.

Declaración y emisión de dividendos en acciones

Suponga que el patrimonio neto de la Sociedad Zapatería Mauricio en un momento determinado es el que muestra el cuadro 6.4.

CUADRO 6.4

Patrimonio neto	
Capital (acciones comunes, 50 dólares par)	10.000.000
Prima de emisión	3.500.000
	13.500.000
Beneficio neto acumulado	10.000.000
Total del patrimonio neto	23.500.000

La sociedad declaró y emitió dividendos del 10 por 100 en un momento en que la acción se estaba vendiendo en el mercado a 200 dólares. Si observamos el patrimonio neto podemos notar que la sociedad ha emitido 200.000 acciones comunes que estaban en circulación antes de la fecha de declaración de dividendos (10.000.000 de acciones comunes/50 dólares de valor par = 200.000 acciones). Un dividendo en acciones de 10 por 100 incrementará el número de acciones en 20.000 (10 por 100 de 200.000 = = 20.000). Considerando que el precio de mercado de cada acción es 200 dólares, la cuenta de beneficios netos acumulados disminuirá en 4.000.000 de dólares (20.000 acciones × 200 dólares cada una = = 4.000.000 de dólares). La cuenta de acciones comunes aumenta en 1.000.000 de dólares (20.000 acciones por 50 dólares par = 1.000.000 de dólares) y la cuenta Prima de emisión se incrementa en 3.000.000 de dólares. El asiento en el Libro Diario sería de la siguiente forma:

Beneficios netos acumulados	4.000.000	
Capital (acciones comunes)		1.000.000
Prima de emisión		3.000.000

Dividendos en acciones y beneficios netos acumulados. La emisión de dividendos en acciones afecta a los beneficios netos acumulados de la sociedad en exactamente la misma forma que si fuesen dividendos en efectivo. La única diferencia es que son acciones adicionales las que están siendo distribuidas entre los accionistas y no un pago en efectivo. Sin embargo, puesto que existe un impacto en los beneficios netos acumulados, la sociedad tiene que contar con suficientes beneficios para poder hacer esta declaración.

El patrimonio neto del balance general, después de la declaración de dividendos en acciones, aparecerá como se muestra en el cuadro 6.5.

CUADRO 6.5

Patrimonio neto	
Acciones comunes	11.000.000
Prima de emisión	6.500.000
	17.500.000
Beneficio neto acumulado	6.000.000
Total del patrimonio neto	23.500.000

Nótese que el total del patrimonio neto no se altera. Más aún, ni el activo ni el pasivo de la sociedad resultan afectados por el dividendo en acciones, como tampoco se afectan los ítems de ingresos ni de gastos.

La contabilización de los dividendos en acciones resulta un tanto diferente en aquellos casos en que el dividendo es de un importe superior al 20 ó 25 por 100 de las acciones que habían estado en circulación de forma previa.

Cada vez que se emite una gran cantidad de dividendos en acciones, su valor de mercado no resulta relevante para la determinación de los cambios que experimentan los importes del balance general. Por su parte, los beneficios acumulados disminuyen en el importe del valor par total de las nuevas acciones.

Si la Sociedad Zapatería Mauricio hubiese declarado y emitido dividendos de 50 por 100 en vez de 10 por 100, el balance general habría cambiado como aparece en el cuadro 6.6.

CUADRO 6.6

Patrimonio neto	
Acciones comunes	15.000.000
Prima de emisión	3.500.000
	18.500.000
Beneficio neto acumulado	5.000.000
Total del patrimonio neto	23.500.000

Nótese que el total de patrimonio neto no cambia respecto del que aparece en el cuadro 6.5, porque todo lo que se ha hecho es un intercambio de valores monetarios entre las cuentas de beneficios netos y la de acciones comunes.

Supongamos ahora que la junta directiva de la Sociedad Zapatería Mauricio declaró una partición de acciones del tipo dos por una, en vez del dividendo en acciones del 50 por 100. Tendrían que emitirse 400.000 nuevas acciones de valor par 25 dólares (recuerde que existen 200.000 acciones en circulación) y ser entregadas a los accionistas de las antiguas acciones de 50 dólares valor par, de modo que estos accionistas sólo poseerían acciones de 25 dólares valor par. Con ello, el patrimonio neto quedaría como se muestra en el balance general del cuadro 6.7.

CUADRO 6.7

Patrimonio neto	
Acciones comunes	10.000.000
Prima de emisión	3.500.000
	13.500.000
Beneficio neto acumulado	10.000.000
Total del patrimonio neto	23.500.000

Nótese que no existen diferencias entre este balance parcial y el que se muestra en el cuadro 6.4 (antes de la partición de acciones), excepto que el valor par ha cambiado de 50 a 25 dólares, y que el número de acciones en circulación ha cambiado de 200.000 a 400.000 acciones.

¿Qué son las acciones en tesorería?

Cuando una sociedad recompra sus propias acciones y no las anula o las revende, éstas reciben el nombre de acciones de (o en) tesorería. Una sociedad puede comprar sus propias acciones por una gran cantidad de razones. Una de ellas puede ser que necesite acopiar acciones para distribuir dividendos en acciones, o para repartir contratos de opciones sobre acciones entre sus empleados.

Compra de acciones en tesorería

Para comenzar, en una operación de fecha 1 de julio, día en que la empresa comenzó a hacer negocios bajo la forma de una sociedad, la Sociedad Zapatería Mauricio vendió 100.000 acciones en 60 dólares cada una y cuyo valor par era de 50 dólares. Dos años más tarde, recompra 10.000 de sus propias acciones, en 700.000 dólares (nótese que el precio de las acciones se ha incrementado desde el precio original de 60 a 70 dólares). Estas acciones se conocen con el nombre de acciones en tesorería, desde el momento en que fueron recompradas hasta el momento en que sean anuladas o revendidas.

Antes de que la Sociedad Zapatería Mauricio adquiriera sus propias acciones, el patrimonio neto del balance general figuraba como aparece en el cuadro 6.8:

CUADRO 6.8

Patrimonio neto	
Acciones comunes	6.000.000
Prima de emisión	1.200.000
	7.200.000
Beneficio neto acumulado	10.000.000
Total del patrimonio neto	17.200.000

Después de que la Sociedad Zapatería Mauricio adquiere 10.000 de sus propias acciones, su patrimonio neto del balance general aparecerá como lo muestra el cuadro 6.9.

CUADRO 6.9

Patrimonio neto	
Acciones comunes (de las cuales 10.000 son acciones de tesorería)	6.000.000)
Prima de emisión	1.200.000)
	7.200.000)
Beneficio neto acumulado (véase nota 1)	10.000.000)
	17.200.000)
Acciones de tesorería	(700.000)
Total del patrimonio neto	16.500.000)

Debería incluirse la siguiente nota en la memoria del año en curso:

Nota 1. Aunque los beneficios netos acumulados totalizan 10.000.000 de dólares, la adquisición de acciones de tesorería ha reducido los beneficios acumulados disponibles para pago de dividendos en 700.000 dólares, correspondientes al costo de las acciones de tesorería. Por tanto, la Sociedad Zapatería Mauricio puede declarar y pagar legítimamente dividendos por un importe no superior a 9.300.000 dólares (10.000.000 menos los beneficios netos acumulados por 700.000 dólares de acciones en tesorería).

Usted debe tener en cuenta los cambios originados por la compra de acciones de tesorería:

— El total del patrimonio neto se ha reducido desde 17.200.000 dólares a 16.500.000 dólares. El balance general se mantiene en equilibrio debido a que el efectivo ha disminuido en la cantidad de 700.000 dólares (la cantidad pagada en efectivo por la compra de las acciones de tesorería).

— Una compra de acciones de tesorería reduce los beneficios netos acumulados de una empresa y, como consecuencia, reduce también el importe de dividendos que la sociedad debe pagar. Normalmente una sociedad no puede comprar acciones de tesorería a menos que los beneficios netos acumulados tengan un importe igual o superior al costo de las acciones de tesorería.

Esta restricción es necesaria para prevenir que una sociedad reduzca su capital por debajo del importe de capital requerido.

— Hay que realizar una anotación en la memoria, en el apartado destinado al patrimonio neto, con una frase referida a la disminución de los beneficios netos acumulados, debido a la adquisición de las acciones de tesorería, tal como se ilustra con la nota 1 contenida en el cuadro 6.9.

— El número de acciones comunes en circulación es de 110.000 acciones (el número de acciones *emitidas* no ha variado desde su número original de 120.000).

¡Alerta!

Las acciones de tesorería NO son un activo. La compra de sus propias acciones hecha por una sociedad sólo tiene el efecto de reducir el importe que los propietarios han invertido en el negocio.

Si hoy se declarara el pago de un dividendo, éste sería pagado sólo a los propietarios de las 110.000 acciones en circulación; la sociedad no puede pagarse dividendos a sí misma por las 10.000 acciones que mantiene en tesorería. Los dividendos se pagan sólo a las acciones en circulación y las acciones de tesorería no se consideran acciones en circulación. Cada sociedad es autorizada para emitir un número máximo de acciones, el que corresponde al contemplado en el documento de creación de la sociedad. El número autorizado de acciones puede ser igual o mayor que el número de acciones emitidas, pero la sociedad no puede emitir más acciones que las autorizadas. La mayoría de las sociedades, en su patrimonio neto, muestran el número de acciones autorizadas, las emitidas y las que están en circulación. Por ejemplo, antes de la compra de acciones de tesorería, la Sociedad Zapatería Mauricio aparecería como se muestra en el cuadro 6.10.

CUADRO 6.10

Patrimonio neto	
Acciones comunes, 500.000 autorizadas	
Acciones emitidas y en circulación, 120.000 acciones	6.000.000)
Prima de emisión	1.200.000)
	7.200.000)
Beneficio neto acumulado	10.000.000)
Total del patrimonio neto	17.200.000)

Después de la compra de las 10.000 acciones de tesorería, el patrimonio neto de la Sociedad Zapatería Mauricio se vería como lo muestra el cuadro 6.11.

CUADRO 6.11

Patrimonio neto	
Acciones comunes (10.000 de las cuales son acciones de tesorería), 500.000 autorizadas	
Acciones emitidas y en circulación, 120.000 acciones	6.000.000)
Prima de emisión	1.200.000)
	7.200.000)
Beneficio neto acumulado (véase nota 2)	10.000.000)
Total del patrimonio neto	17.200.000)
Acciones de tesorería	(700.000)
	16.500.000)

Nota 2. Aunque el total de los beneficios acumulados es 10.000.000 de dólares, la Sociedad Zapatería Mauricio legalmente puede declarar y pagar dividendos por no más de 9.300.000 dólares. La adquisición de acciones de tesorería ha reducido el importe de los beneficios netos acumulados para el pago de dividendos en 700.000 dólares, correspondientes al costo de las acciones de tesorería.

Nótese que el número de acciones autorizadas y emitidas no ha cambiado desde la compra de acciones de tesorería. El único cambio corresponde al número de acciones en circulación. Aunque las acciones de tesorería no están en circulación, estas acciones se consideran todavía formando parte de las acciones emitidas de la sociedad.

Venta de las acciones de tesorería

La compañía puede mantener, vender o anular las acciones de tesorería. Si la Sociedad Zapatería Mauricio vendiera 4.000 acciones de tesorería en 80 dólares cada una, el asiento de Diario para registrar estas ventas sería:

Efectivo	320.000
Acciones de tesorería (venta de 4.000 acciones de tesorería, costo original 70 dólares)	280.000
Prima de emisión, tesorería	40.000

Después de la venta de las 4.000 acciones de tesorería, el patrimonio neto quedaría como sigue, tal y como señala el cuadro 6.12.

CUADRO 6.12

Patrimonio neto	
Acciones comunes (6.000 de las cuales son acciones de tesorería), 500.000 autorizadas	
Emitidas 120.000	
Acciones en circulación, 114.000 acciones	6.000.000
Prima de emisión	1.200.000
Prima de emisión, acciones de tesorería	40.000
	7.240.000
Beneficio neto acumulado	10.000.000
Total del patrimonio neto	17.240.000
Costo de acciones de tesorería	(420.000)
Total del patrimonio neto	16.820.000

Usted habrá notado la variedad de cambios originados por la venta de las acciones de tesorería:

— El total del patrimonio neto se incrementó (véase cuadro 6.12) en 320.000 dólares —la cantidad de efectivo recibido por la venta de las acciones de tesorería—.

— La cuenta de acciones de tesorería disminuyó, pero sólo en 280.000 dólares, correspondientes al importe del costo que tenían las 4.000 acciones de tesorería en el momento en que fueron adquiridas: 4.000 acciones por 70 dólares por acción (recuérdese que la compañía compró estas acciones en el mercado, al precio de 70 dólares cada una).

— La venta de acciones de tesorería, por un precio mayor que el costo (compró a 70 dólares por acción y vendió en 80 dólares por acción, por lo que el costo para la sociedad fue de 280.000 dólares, pero el precio de venta fue de 320.000 dólares), resultando una ganancia de 40.000 dólares. Las reglas de Contabilidad no permiten a la sociedad hacer una ganancia con la venta de sus propias acciones. El estado de resultados no resulta afectado por la transacción y los 40.000 dólares simplemente crean una nueva cuenta en el balance general denominada Prima de emisión, acciones de tesorería. Esta cuenta se parece en alguna medida a la de prima de emisión que habíamos visto con anterioridad, que se origina cuando las acciones comunes se venden por encima de su valor par.

¡Alerta!

Venta de acciones de tesorería. Cuando se venden acciones de tesorería a menos que su valor de costo, se reduce la cuenta Prima de emisión, acciones de tesorería. Si la cuenta no existe o si el importe que registra no es lo suficientemente grande como para absorber la diferencia entre precio de venta y costo de las acciones de tesorería, se reduce la cuenta Prima de emisión. Por último, si esta cuenta no fuese suficiente, se disminuye el importe de los beneficios netos acumulados.

En este capítulo usted ha verificado de qué forma difieren los estados financieros de una sociedad de aquellos correspondientes a una empresa unipersonal. Ha aprendido también los aspectos relativos a las sociedades y de qué forma las transacciones afectan a los estados financieros de una sociedad. En el capítulo 7 aprenderá cómo opera el sistema de contabilidad por partida doble y cómo se registran las transacciones en los libros de contabilidad.

Respuestas al test rápido de la página 91

Acciones preferentes	Acciones comunes
10.000 acciones × 10 dólares = 100.000 €	20.000 acciones × 10 dólares = 200.000 €
Saldo a ser dividido 500.000 – 100.000 – 200.000 = 200.000 €	
30 por 100 remanente = 60.000 €	70 por 100 remanente = 140.000 €
Total acciones preferentes = 160.000 €	Total acciones comunes = 340.000 €

GLOSARIO DE TÉRMINOS

Acciones de capital. Pueden describirse como un certificado que representa la participación económica que cada dueño tiene en el capital de la corporación.

Acciones comunes. Es uno de los dos tipos de acciones que una sociedad puede emitir al público después de haber sido debidamente autorizada. Las acciones comunes usualmente no tienen un importe de dividendos definidos para cada año, sino que los reciben sólo cuando han sido declarados por la junta directiva. Los accionistas comunes son los legítimos dueños de la entidad y usualmente tienen derecho a voto para la elección de la junta directiva.

Acciones preferentes. Es uno de los dos tipos de acciones que una sociedad puede emitir después de la autorización de funcionamiento por parte de las autoridades. Este tipo de acciones tiene preferencia sobre los accionistas comunes cuando se emiten los dividendos y también en la devolución del dinero pagado por esas acciones si la entidad entra en proceso de liquidación.

Acciones de tesorería. Cuando una sociedad recompra sus propias acciones y no las anula o las revende, éstas reciben el nombre de acciones de tesorería. Una sociedad puede comprar sus propias acciones por una gran cantidad de razones. Una de ellas puede ser que necesite acopiar acciones para distribuir dividendos en acciones, o para repartir contratos de opciones sobre acciones entre sus empleados.

Capital accionarial. Cuando una sociedad se constituye legalmente, tiene el derecho de vender al público una cantidad definida de acciones de capital. Cada acción representa una parte de la propiedad de la empresa; esta cantidad de acciones se llama capital autorizado. La empresa puede vender tantas acciones como desee, pero sólo hasta llegar al importe máximo autorizado y no más; cuando se efectúa la venta inicial de acciones de capital, la empresa recibirá la cantidad correspondiente de efectivo.

Dividendos en acciones. Son dividendos que se declaran por el consejo de administración y entregados a los accionistas en la forma de acciones de capital adicionales, en vez de efectivo. La sociedad debe contar con suficientes beneficios netos acumulados y de acciones autorizadas pero no emitidas, para poder hacer esta declaración.

Dividendos en efectivo. Son los dividendos declarados por el consejo de administración y que se pagan en efectivo a los accionistas. Su pago se transforma en un pasivo en el balance general de la sociedad en el momento de ser declarados por la junta directiva. La sociedad debe tener beneficios netos acumulados en cantidad suficiente y el efectivo necesario para poder hacer esta declaración. Después de que han sido declarados y una vez que se haya hecho efectivo el pago, disminuye el saldo, tanto de la cuenta de efectivo como de beneficios netos acumulados.

Partición de acciones. Una participación se declara por parte de la junta directiva con el propósito de dividir el número de acciones que poseen los accionistas en ese momento. Estas particiones pueden ser del tipo dos por una, tres por una, etc. La sociedad debe tener un número suficiente de acciones autorizadas para poder llevar a cabo la partición. A menudo la junta directiva declara una partición cuando el precio de la acción es demasiado alto y la sociedad desea incentivar el ingreso de nuevos accionistas, bajando el precio unitario de las acciones.

Prima de emisión. Es la cantidad de dinero recibido por una sociedad, producto de la venta de las acciones por encima de su valor par.

Sociedad. Las sociedades son entidades constituidas por uno o más accionistas, donde dos o más personas comparten la propiedad de un solo negocio o empresa. Estos propietarios pueden tomar parte en la dirección de la empresa o no. Muchos de estos accionistas son simples ciudadanos que invierten dinero en estas sociedades mediante las acciones de capital que han comprado. En una sociedad, una persona se convierte en propietario mediante la compra de acciones de capital, transformándose en un accionista.

Valor par. Es el valor asignado por una sociedad a cada una de sus acciones de capital, común o preferente, en el momento de transformarse en sociedad.

7. La contabilidad por partida doble

- **El Libro Diario.**
- **El Libro Mayor.**
- **Balance de comprobación de sumas y saldos.**
- **Asientos de ajuste en el Libro Diario.**
- **Asiento de cierre del Libro Diario.**
- **Glosario de términos.**

Los términos «débito o debe» y «crédito o haber» son suficientes para introducir el temor incluso en el más intrépido de los no contadores. Sin embargo y aunque usted jamás llegue a ser un profesional de la Contabilidad, necesitará entender estos conceptos a fin de lograr un sólido desenvolvimiento con la contabilidad y con los negocios. En este capítulo usted aprenderá qué significan esos términos y de qué forma son utilizados en el mundo de la contabilidad.

¡Alerta!

¿Qué es un débito o debe? La palabra debe se refiere simplemente al lado izquierdo de las columnas donde se anotan cantidades, en tanto que la palabra crédito o haber, se refiere al lado derecho de la columna de cantidades. Ni más ni menos. Debe no tiene ninguna connotación desfavorable y, a su vez, Haber no implica nada favorable, como a veces suelen creer quienes no son contadores. Las anotaciones en el Debe reciben el nombre de cargar la cuenta (o cargo), y las anotaciones en el Haber, abonar la cuenta (o abono).

El Libro Diario

Una vez efectuada una transacción económica, ésta es registrada en un libro denominado «Libro Diario». Aunque existe una gran variedad de tipos de libros, es importante centrarse en el Libro Diario.

Si una empresa hubiese comprado un terreno en efectivo, el Libro Diario aparecería tal como lo muestra el cuadro 7.1 (los registros o «asientos contables» de este cuadro no corresponden a la Zapatería Mauricio, sino que son simples ejemplos).

CUADRO 7.1

Libro de Diario

Fecha	Asiento	Referencia	Debe	Haber
05/01/15	Terreno		10.000	
	Efectivo			10.000
(Por la compra de un terreno para una nueva bodega.)				
31/01/15	Gastos por sueldos y salarios		400	
	Efectivo			400
(Por sueldos pagados en efectivo en el mes de enero.)				

Asientos en el Diario

Para ilustrar de qué forma se registran las transacciones en el Libro Diario, usted puede remitirse a las transacciones que se describen en los capítulos 3 y 4. Pero primero volvamos por un momento a la ecuación del inventario de la que hablamos en capítulos precedentes:

$$A = P + N$$

La regla estándar de la contabilidad es que los activos, o el lado izquierdo de la ecuación, incrementan su valor con los débitos y lo disminuyen con los créditos, en tanto que en el lado derecho de la ecuación, los pasivos y el patrimonio neto hacen exactamente lo opuesto. Es decir, éstos aumentan con los créditos y disminuyen con los débitos. Cuando usted aumenta o disminuye los débitos por la misma cantidad en que usted aumenta o disminuye los créditos en cada transacción, asegúrese de que la suma de los débitos es igual a la suma de los créditos, cuestión que es clave para la teneduría de libros. Si los débitos no suman exactamente lo mismo que la suma de los créditos al finalizar cualquier período (un mes, un trimestre, un año), ello indica que se cometió algún error en alguna parte, es decir, se contabilizó una transacción en forma inapropiada. Al utilizar este sistema la ecuación contable permite que los registros contables permanezcan siempre en equilibrio después de que se registre cada transacción, puesto que usted está aumentando o disminuyendo ambos lados de la ecuación contable en la misma cantidad exactamente. Existe una forma estándar del tratamiento que se debe dar a los débitos y los créditos correspondientes a activos, pasivos, patrimonio neto, ingresos y gastos. El cuadro 7.2 siguiente muestra una síntesis de estos conceptos.

CUADRO 7.2

Transacciones que	Asiento en el Diario
Incrementan el activo	Anotación en el debe
Disminuyen el activo	Anotación en el haber
Incrementan el pasivo	Anotación al haber
Disminuyen el pasivo	Anotación al debe
Son ingresos (aumentan el Patrimonio)	Anotación al haber
Son gastos (disminuyen el Patrimonio)	Anotación al debe

Ahora registraremos en el Libro Diario algunas de las transacciones que hemos visto en los capítulos anteriores. Es importante recordar que cada transacción que se registre en el Libro Diario requiere tanto de una anotación en el debe como otra en el haber. Comencemos con la inversión inicial de 60.000 dólares que Mauricio realizó en su compañía de zapatos, y que se contabilizaba en la cuenta Capital. Esta transacción se registrará como lo indica el cuadro 7.3.

CUADRO 7.3

Asientos en el Diario

Cantidades				
Fecha	**Asiento**	**Referencia**	**Debe**	**Haber**
01/01/15	Efectivo		60.000	
	Capital			60.000
(La dueña invierte 60.000 dólares en efectivo.)				

Bueno, usted ya sabe que cada vez que el dueño de un negocio invierte dinero en su empresa, aumenta el dinero en efectivo y aumenta también la cuenta Capital (la cual forma parte del patrimonio neto). Si aumenta el efectivo (es un activo), esto aparece como un débito en el diario. El aumento en el patrimonio neto se registra como un crédito (véase el cuadro 7.2).

En la siguiente transacción la compañía compra un edificio, un terreno y un camión por 43.000 dólares. Dado que la empresa de zapatos no tiene suficiente dinero en efectivo para pagar todos estos activos, la dueña necesita pedir un préstamo por 20.000 dólares, pagando el resto en efectivo, 23.000 dólares. Esta transacción se registraría en el Libro Diario tal como se muestra en el cuadro 7.4.

CUADRO 7.4

Asientos en el Diario

Cantidades				
Fecha	**Asiento**	**Referencia**	**Debe**	**Haber**
03/01/15	Camión		8.000	
	Edificio		25.000	
	Terreno		10.000	
	Efectivo			23.000
	Hipoteca por pagar			20.000
(Compra de activos en efectivo y con préstamo.)				

Nótese que en el asiento de Diario presentado los DÉBITOS se han utilizado para reflejar aumentos en los activos (terreno, edificio y camión), en tanto que los CRÉDITOS fueron usados para disminuir un activo (efectivo), pero también para incrementar el pasivo hipotecas por pagar. Por tanto, dependiendo de en qué lado de la ecuación contable aparece la cuenta, ello determinará si se ha registrado un débito o un crédito (véase cuadro 7.2).

Ahora nos remitiremos a las transacciones que mostramos en el capítulo 4, las cuales se registraron en el estado de resultados.

El 5 de enero la compañía vendió diez zapatos por un total de 500 dólares. Tal como usted recordará, esta transacción ocasionó dos cambios en el estado de resultados. Primero, incrementó la cuenta de ingresos denominada «Ventas», por 500 dólares y, segundo, incrementó la cuenta denominada «Costo de los bienes vendidos» por el importe del costo de los zapatos vendidos, 200 dólares. Recuérdese también que esta transacción origina un cambio en el estado de resultados y simultáneamente está afectando también al balance general de diversas formas. Estos zapatos fueron vendidas al contado. Por tanto, el activo efectivo experimentará un incremento de 500 dólares. El activo inventario disminuirá en el importe del precio de adquisición de los zapatos, 200 dólares (dado que los zapatos dejan de ser propiedad de la empresa). La diferencia de 300 dólares que existe entre el precio de venta y el costo de los zapatos (500 – 200) implicará un incremento en la cuenta de beneficios netos acumulados, que forma parte del patrimonio neto.

Ponga atención a que en el cuadro 7.5 no existe un registro (o asiento contable) por los beneficios netos (que se integran en el patrimonio neto). El beneficio de 300 dólares proveniente de esta transacción se reflejará en el balance general (como beneficios netos acumulados) al final del ejercicio 2015, para lo cual primero es necesario contabilizar el ingreso por 500 dólares y el gasto por 200 dólares cuando se efectúa la venta.

Estas dos transacciones se registrarían en el Libro Diario tal como se ve en el cuadro 7.5.

CUADRO 7.5

Asientos en el Diario

Cantidades				
Fecha	**Asiento**	**Referencia**	**Debe**	**Haber**
05/01/15	Efectivo		500	
	Ventas			500
(Venta de zapatos a precio de venta.)				

y también:

05/01/15	Costo de las ventas de zapatos		200	
	Inventario de existencias			200
(Venta de zapatos a precio de adquisición.)				

Volviendo a la ecuación contable, $A = P + N$, la transacción por ventas ha incrementado el lado izquierdo del balance (el activo tesorería o efectivo) en 500 dólares, e incrementado el lado derecho, beneficios netos (que se integra en patrimonio del dueño), en la misma cantidad. La segunda parte de esta transacción y que implica una reducción del inventario mantiene el equilibrio en la ecuación contable; el «gasto» de zapatos (un débito) y la disminución en inventario de existencias (que siempre es a valor de adquisición). En ambas transacciones, los débitos para registrar estas operaciones son por el mismo importe que los créditos.

Si miramos otra transacción del capítulo 4, usted puede verificar el impacto de la misma en el Libro Diario. Si pensamos que el 7 de enero, la Zapatería paga 100 dólares a Mauricio por su primera semana de trabajo, esta transacción se registrará en el Libro Diario tal como se representa en el cuadro 7.6.

CUADRO 7.6

Asientos en el Diario

Cantidades				
Fecha	**Asiento**	**Referencia**	**Debe**	**Haber**
07/01/15	Sueldos y salarios		100	
	Tesorería			100
(Pago del sueldo a Mauricio.)				

Mediante esta transacción, en el lado izquierdo de la ecuación contable, el activo efectivo ha disminuido en 100 dólares, como ha disminuido también el lado derecho, a través del beneficio neto por la misma cantidad. De nuevo, la suma de los débitos es igual a la suma de los créditos.

Finalmente, observemos la transacción de la Zapatería Mauricio cuando repara algunos zapatos y cobra por ello 375 dólares. Los repuestos utilizados para estas reparaciones cuestan a la compañía 105 dólares, y son pagados en efectivo. Esta transacción se registra en el Libro Diario como se detalla en el cuadro 7.7.

CUADRO 7.7

Asientos en el Diario

Cantidades				
Fecha	**Asiento**	**Referencia**	**Debe**	**Haber**
14/02/15	Tesorería		375	
	Ingresos por reparaciones			375

y también:

14/02/15	Gastos por reparaciones de zapatos		105	
	Tesorería			105
(Reparaciones efectuadas.)				

Insistimos en que es importante notar que en esta primera parte de la transacción, el lado izquierdo de la ecuación contable se incrementa en 375 dólares, en tanto que el lado derecho, beneficio neto, aumenta en la misma cantidad (a través del correspondiente ingreso).

En la segunda parte de la transacción, el lado derecho disminuye en 105 dólares debido al crédito en un activo (efectivo), en tanto que el lado izquierdo disminuye mediante un débito a una cuenta de beneficio neto (ingresos por reparaciones). Por ende, la ecuación contable *(A = P + N)* permanece en equilibrio porque la suma de débitos iguala a la suma de créditos.

El Libro Mayor

Las transacciones que se vayan contabilizando en el Libro Diario deben ser traspasadas al Libro Mayor. El Libro Mayor es un libro que contiene un registro de cada cuenta, de forma individualizada, y en forma de libro (véanse los párrafos expuestos a continuación del cuadro 7.8). Los traspasos corresponden al simple proceso de transferir la información desde el Libro Diario al Libro Mayor.

La cuenta Tesorería seguramente figurará en la primera página (o páginas) del Libro Mayor y probablemente tendrá la apariencia del cuadro 7.8.

CUADRO 7.8

Libro Mayor

Cuenta Caja				**Cuenta n.º 101**			
Debe				**Haber**			
Fecha	Concepto	Referencia	Importe	Fecha	Concepto	Referencia	Importe

Nótese que la cuenta consta de dos partes. A igual que en los casos anteriores, el lado izquierdo se utiliza para registrar los débitos (Debe) y el lado derecho está destinado a registrar los créditos (Haber).

Nótese también que el ejemplo de Mayor del cuadro 7.8 muestra un número de cuenta (101) en la esquina superior derecha. Cada cuenta de activo, de pasivo, de patrimonio neto, de ingresos y de gastos tiene un número que se le ha asignado, y que permite la adecuada codificación de tales partidas contables. En este caso, a la cuenta Caja se le ha asignado el número 101 y todas las transacciones que impliquen movimiento de efectivo (aumentos o disminuciones) se registrarán en dicha codificación numérica.

Las cuentas se numeran por una diversidad de razones. Por ejemplo, para facilitar la referenciación, o para ser utilizado el número en lugar del nombre de la cuenta. Este listado de cuentas es usualmente denominado «cuadro de cuentas».

Después de que se han hecho los traspasos desde el Diario al Mayor por el primer asiento (correspondiente al 1 de enero), la cuenta Caja aparecería como se ilustra:

CUADRO 7.9

Libro Mayor

Cuenta Caja				Cuenta n.º 101			
Debe				Haber			
Fecha	Concepto	Referencia	Importe	Fecha	Concepto	Referencia	Importe
Enero 1		D-1	60.000				

La fecha de la transacción se ubica bajo la columna Fecha del lado izquierdo, puesto que el asiento corresponde a un débito. Se coloca el dato D-1 en la columna Referencia, lo cual implica que el asiento que ha registrado la transacción puede encontrarse en la página 1 del Libro Diario (D). Bajo la columna Importe, en el lado izquierdo, se registran los 60.000 dólares.

La otra mitad del primer asiento del Libro Diario (la que se refiere a la cuenta Capital) se registrará como se ilustra en el cuadro 7.10.

CUADRO 7.10

Libro Mayor

Cuenta Caja			Cuenta n.º 101		
Debe			Haber		
Fecha	Referencia	Importe	Fecha	Referencia	Importe
			Enero 1	D-1	60.000

Por cierto, en este caso la transacción se registra en la columna del lado derecho, puesto que el asiento representa un crédito para la cuenta.

Hemos traspasado al Libro Mayor, por tanto, la información captada por el Libro Diario que ilustra el cuadro 7.11.

CUADRO 7.11

(Para registrar la inversión de 60.000 dólares hecha por la dueña)

Libro diario

			Importes	
Fecha	Asientos	Ref.	Débitos	Créditos
01/01/2015	Caja	101	60.000	
	Capital	301		60.000

Usted puede observar cómo en la columna Referencia se ha situado el número de la cuenta, tanto para caja como para el capital del dueño. Este paso completa el proceso de traspaso en cuanto al primer asiento del Libro Diario se refiere. Este mismo proceso debe ser repetido hasta que todos los asientos que aparecen en el Diario hayan sido traspasados al Libro Mayor.

Después de haber traspasado todos los asientos del Libro Diario que se hayan registrado en el mes de enero, la cuenta Caja aparecerá en el cuadro 7.12 como sigue.

CUADRO 7.12

Libro Mayor

Cuenta Caja				Cuenta n.º 101			
Debe				Haber			
Fecha	Concepto	Referencia	Importe	Fecha	Concepto	Referencia	Importe
Enero 1	Capital	D-1	60.000	Enero 1	Activos	D-1	23.000
				Enero 3	Seguros	D-1	1.500
				Enero 5	Inventario	D-1	10.000
Enero 6	Ventas	D-1	500	Enero 7	Sueldos	D-1	100
Enero 21	Ventas	D-1	3.500				
Total			64.000	**Total**			34.600

Si usted suma los débitos y los créditos en ambos lados de esta cuenta, encontrará que los débitos suman 64.000 dólares, en tanto que los créditos totalizan 34.600 dólares. La diferencia entre estas dos cifras es 29.400 dólares. Sobre esta base puede decirse que la cuenta Caja tiene un *saldo al debe (o deudor)* a fin del mes de enero por este importe. A propósito, recuerde que un activo aumenta de valor cuando se hace algún asiento en el debe de la respectiva cuenta. Si al final de determinado período existe un saldo al debe en una cuenta de activo, ello significa que hay un saldo positivo. En el caso de estas cuentas, significaría que «hay dinero en la caja de la empresa». En términos generales, la suma de los débitos y la de los créditos en cualquier cuenta no tienen por qué ser iguales, pero cuando todas las cuentas se presentan en forma conjunta, la suma de todos los débitos y de todos los créditos sí que tiene que ser igual. Para verificar que así sea, al final de cada ejercicio contable se lleva a cabo el denominado «Balance de comprobación». A continuación se detallará en qué consiste el balance de comprobación.

Balance de comprobación de sumas y saldos

Es usual que los contadores o tenedores de libros preparen un balance de comprobación después de que todas las cuentas hayan sido traspasadas al Libro Mayor. Un balance de comprobación de sumas y saldos no es sino un listado de todas las cuentas que aparecen en el Libro Mayor y que tengan un saldo distinto a cero, habiendo calculado el saldo de cada cuenta, totalizando todos los débitos y todos los créditos en cada una de ellas. Como ejemplo, en el cuadro 7.13 presentaremos el balance de comprobación de la Zapatería Mauricio.

CUADRO 7.13

Zapatería Mauricio
Balance de Comprobación
Al 31 de enero de 2015

	Débitos	Créditos
Tesorería	19.400	
Cuentas por cobrar	1.500	
Inventarios de existencias	20.800	
Seguros pagados por anticipado	1.500	
Camión	8.000	
Edificio	25.000	
Terrenos	10.000	
Cuentas por pagar		3.000
Hipotecas por pagar		20.000
Capital		60.000
Beneficios netos acumulados		0
Ventas de zapatos		5.500
Ingresos por reparaciones		0
Costo de las ventas de zapatos	2.200	
Sueldos y salarios	100	
Totales	88.500	88.500

Los balances de comprobación se pueden preparar revisando página tras página el Libro Mayor y localizando todas las cuentas que tengan un saldo distinto a cero, como se ve en el cuadro 7.13, de donde se extrajo el dato de que la cuenta Tesorería tenía un saldo de 19.400 dólares. Una vez que se ha determinado el saldo de cada cuenta, se traspasa esta cifra al balance de comprobación. En términos generales, hay dos razones para preparar un balance de esta naturaleza: i) la primera es determinar si el saldo de todos los débitos es igual al saldo de todos los créditos; si ese saldo no fuese idéntico, implica que se ha cometido un error, ya sea en el proceso de hacer los asientos en el Diario, o al hacer los traspasos al Libro Mayor; en cualquiera de los dos casos, se debe localizar el error y corregirlo; ii) la segunda razón es facilitar la preparación de los asientos de ajuste (que se discutirán en la siguiente sección), los cuales resultan indispensables para poder preparar los estados financieros.

Seguramente usted habrá llegado ya a la conclusión de que si la Zapatería Mauricio hubiese empezado a operar antes del año 2015, aparecería alguna cifra en la cuenta Beneficios netos acumulados del balance de comprobación. La cuenta Beneficios netos acumulados mostrará un saldo inicial hasta que el contable cierre todas las cuentas que le afectan (esto es, de gastos e ingresos), traspasando a ella el saldo de la pérdida o la ganancia que se haya experimentado durante el período (un mes, un trimestre, un año).

Asientos de ajuste en el Libro Diario

Los registros contables no se mantienen, todos, permanentemente actualizados con todos sus detalles. Hacerlo implicaría una pérdida de tiempo y de dinero, ya que existe mucha información que no es necesaria para el manejo del día a día de la empresa. Los asientos de ajuste representan una fase que permite reconocer eventos financieros que han ocurrido antes de que se emitan los estados económico-financieros, pero que no han sido registrados en el Diario. Se trata de transacciones que no corresponden a alguna fecha en particular, pero que representan acontecimientos reales que requieren ser registrados para mantener la exactitud de los estados financieros. Para el caso de la Zapatería Mauricio, hay cinco cuentas que requieren ser ajustadas al final de cada mes: la amortización (depreciación) acumulada de los edificios y del camión;

los seguros pagados anticipadamente, los intereses sobre la hipoteca y la parte de cuentas por cobrar que la compañía estima que será de difícil cobro. Cuando se hayan hecho los asientos de ajuste en el Diario, éstos deben ser traspasados a las cuentas del Libro Mayor, al igual que se hizo con los asientos de Diario registrados previamente.

Seguros pagados por anticipado

Recuérdese que, en el capítulo 3, los seguros pagados por anticipado se contabilizaron en el balance general como un activo. Esto es así porque la Zapatería Mauricio compró el seguro de forma anticipada a su utilización, empleo o consumo. A final de enero se ha consumido una de las treinta y seis partes del seguro comprendido en la cobertura por un total de tres años, por lo que ya es un gasto. Para reconocer el «consumo» de este activo (denominado Seguros pagados por anticipado), una cuenta de gastos denominada Gastos por seguro se incrementa en 41,67 dólares (1.500 dólares/36 meses). El activo inicial ya no vale su cantidad total, dado que ahora sólo cubre los treinta y cinco meses restantes; esto es, pasa la cuenta de activo denominada Seguros pagados por anticipado a tener un saldo de 1.458,33 dólares, a 31 de enero. Si usted se remite a la ecuación contable: $A = P + N$, la parte izquierda de la ecuación disminuye en 41,67 dólares (porque el activo denominado Seguros pagados por anticipado ha disminuido) y la parte derecha también se ha reducido en la misma cantidad debido al gasto en seguros producido (lo que causa una disminución del patrimonio neto). Esto requiere que se haga un ajuste en el Diario.

Gasto por amortización (depreciación)

Los activos a largo plazo como el edificio y el camión tienen una vida finita. Su costo original debe, por tanto, ser distribuido a lo largo de su vida útil. A este proceso se le llama depreciación, que en términos monetarios recibe el nombre de amortización. A fin de depreciar estos dos activos, usted necesita saber cuál es la vida útil esperada de cada uno. Esto es, debe saberse durante cuánto tiempo estos activos estarán produciendo ingresos para la empresa de zapatos. En nuestro ejemplo, puede suponerse que el edificio tendrá una vida útil esperada de veinticinco años y que el camión durará cinco. Para depreciar estos dos activos, usted debe dividir sus respectivos costos históricos entre la cantidad de años de vida útil esperada.

Camión = 8.000 de costo histórico/5 años (vida útil esperada) =
= 1.600 dólares de depreciación anual.

Edificio = 25.000 costo histórico/25 años (vida útil esperada) =
= 1.000 dólares de depreciación anual.

Dado que estamos preocupados por el ajuste debido a la depreciación de sólo estos dos activos para el mes de enero, cada cifra obtenida debe dividirse entre 12 (meses), para obtener el ajuste por depreciación para el mes de enero:

Camión = 1.600 (depreciación anual)/12 (meses del año) =
= 133,33 dólares por mes.

Edificio = 1.000 (depreciación anual)/12 (meses del año)=
= 83,33 dólares por mes.

Consejo rápido

Vida útil esperada de un activo. Como dueño de una empresa usted deberá definir cuál será la vida útil esperada de los activos a largo plazo de propiedad de la empresa. ¿Cómo puede hacerse esto? La forma más fácil de hacerlo es si se tiene experiencia previa con este tipo de activos o similares. También puede obtenerse información en bibliotecas especializadas, o en Internet, respecto de los promedios que pueden utilizarse en la industria a la cual su empresa pertenece. Finalmente, también la agencia tributaria de su país tendrá una tabla que contenga los datos de vida útil esperada para los diferentes activos a largo plazo. La decisión es suya y si queda en rangos razonables, será aceptada.

Gastos por intereses

Como usted recordará, la Zapatería Mauricio debe pagar intereses por la hipoteca que suscribió al comprar el terreno y el edificio. La hipoteca tiene un costo de 20.000 dólares, un plazo de 10 años y una tasa de interés del 8 por 100 anual. El total de intereses anuales es 1.600 (20.000 dólares × 0,08). Consecuentemente, por cada mes que transcurre, la compañía adeuda al banco que concedió la hipoteca un doceavo del total anual de intereses, o 133,33 dólares (1.600 dólares/12 meses). Puesto que no se deben pagar los intereses sino hasta fin de año, la Zapatería Mauricio ha creado un pasivo denominado Intereses por pagar, cuenta en la cual se integrarán todos los gastos financieros que se vayan devengando cada mes, hasta su pago a final de año, gasto que será registrado a través de la cuenta Gasto por intereses. Como se trata del primer mes del año, ambas aparecerán por el mismo saldo, 133,33 dólares.

Cuenta de difícil cobro

Al finalizar el mes de enero, la compañía llegó a la conclusión de que no sería posible cobrar 150 dólares adeudados por un cliente que se había comprometido a pagarlos. Con el propósito de representar este supuesto en los estados financieros, Mauricio creó la cuenta de gastos denominada Gasto por derechos de difícil cobro. A esta cuenta se la califica como una «contracuenta»; esto es, es una reducción de las cuentas por cobrar que se respalda en las probabilidades de que ciertas cuentas por cobrar no serán pagadas, por lo que debe rebajarse ese importe del balance general para que refleje este hecho. En este caso, el activo que se rebaja es Cuentas por cobrar.

Consejo rápido

Estimación de cuentas incobrables. Al igual que la depreciación, la gerencia de la empresa debe hacer una estimación de las cuentas que resultarán incobrables en cada período. Esta estimación puede hacerse sobre la base de experiencia pasada, en el sentido de que un porcentaje de las cuentas por cobrar no serán pagadas. Es también posible que la gerencia cuente con información concreta sobre una cuenta en particular que no será cobrada, con lo que puede incorporar esa cuenta en el ajuste.

Balance de comprobación (después de los ajustes). Después de que los asientos de ajuste se hayan registrado en el Libro Diario, el contador puede preparar otro balance de comprobación que le ayude en la elaboración de los estados financieros definitivos, o también puede preparar los estados financieros recurriendo sólo a las cuentas del Libro Mayor. Un balance de comprobación para finales de enero podría ser como se presenta en el cuadro 7.14.

CUADRO 7.14

Zapatería Mauricio
Balance de Comprobación
Al 31 de enero de 2015

	Débitos	Créditos
Tesorería	19.400,00	
Cuentas por cobrar	1.500,00	
Deterioro de las cuentas por cobrar	(150,00)	
Inventarios de existencias	20.800,00	
Seguros pagados por anticipado	1.458,33	
Terreno	10.000,00	
Edificio	25.000,00	
Amortización acumulada del edificio	(83,33)	
Camión	8.000,00	
Amortización acumulada del camión	(133,33)	
Cuentas por pagar		3.000,00
Intereses por pagar		133,33
Hipotecas por pagar		20.000,00
Patrimonio del dueño		60.000,00
Beneficios netos acumulados		0,00
Ventas		5.500,00
Ingresos por reparaciones		0,00
Costo de los bienes vendidos	2.200,00	
Gastos por sueldos	100,00	
Gastos por seguros	41,67	
Gasto por amortización	216,66	
Gastos por intereses	133,33	
Gasto por cuentas incobrables	150,00	
Totales	88.633,33	88.633,33

Existen algunas diferencias entre este balance de comprobación (después de los asientos de ajuste) y el anterior (antes de que se hagan los asientos de ajuste). En primer lugar, se han creado cuatro nuevas cuentas: gastos por seguros, gasto por amortización, amortización acumulada y gastos por intereses.

La cuenta denominada Gastos por seguros representa la cantidad utilizada durante un mes de los gastos pagados por anticipado. Ésta se incrementó en 41,67 dólares al mismo tiempo que Seguros pagados por anticipado decreció en la misma cantidad.

La cuenta Gasto por amortización fue creada para representar la depreciación que afectó a dos de los activos a largo plazo, el camión y el edificio. En vez de reducir directamente los activos a largo plazo en la medida en que van envejeciendo, los contadores establecen una cuenta separada, independiente, la cual es una contracuenta que actúa como cajón de sastre. Lo mismo sucede con la cuenta Deterioro de cuentas incobrables, que empleamos para reducir el saldo de cuentas por cobrar, y así mostrar en el balance el saldo de los derechos de cobro de realización cierta. Para los activos a largo plazo, la contracuenta se denomina amortización acumulada. Cada activo a largo plazo tiene su propia contracuenta de activo (amortización acumulada de camión y amortización acumulada de edificio). En el balance general, las contracuentas aparecerían como se ilustra en el cuadro 7.15.

CUADRO 7.15

Balance general (de elementos de activo)

Activos a corto plazo (corrientes, circulantes)	
Cuentas por cobrar	1.500,00
Provisión para cuentas incobrables	(150,00)
Cuentas por cobrar (valor neto)	1.350,00
Activos a largo plazo (no corrientes, fijos)	
Camión	8.000,00
Amortización acumulada de camión	(133,33)
Camión (valor neto contable)	7.866,67

El terreno, aunque pertenece a los activos a largo plazo, no se deprecia y no posee una contracuenta de activo para la depreciación acumulada.

La última cuenta nueva es Gasto por intereses. Esta cuenta representa la cantidad de intereses que ha sido devengada en el mes de enero. En nuestro ejemplo, esto es 133,33 dólares por cada mes de hipoteca.

Asiento de cierre del Libro Diario

En general, los registros contables se cierran al final de cada año, y no de cada trimestre o semestre.

El asiento de cierre del Libro Diario nos permite saldar (dejar a cero) todas las cuentas de activo, pasivo y patrimonio neto (incluida la propia cuenta representativa del beneficio neto acumulado) que aparecen en el Libro Mayor. Con este asiento ambos libros quedarían definitivamente cerrados para el período en cuestión (por ejemplo, el año 2015). A su vez, todos estos saldos serían los que mostraría el balance general al final del período (por ejemplo, a 31 de diciembre de 2015) —y lógicamente al principio del siguiente (a 1 de enero de 2016)—.

Previamente a la elaboración del citado asiento de cierre, habrá que obtener el beneficio neto del período, que pasará a formar parte del acumulado, que a su vez se integra en el patrimonio neto del balance general. Esto se logrará trasladando al estado de resultados los saldos de todas las cuentas de ingresos del ejercicio y de los gastos necesarios para obtener esos ingresos (ambas también llamadas cuentas de gestión), lo que conlleva que todas estas cuentas de gestión tengan siempre saldo cero al cierre del período contable. De esta manera, las cuentas de gestión comenzarán cada período contable con saldo cero, permitiendo que tanto en el Libro Diario como en el Libro Mayor, realmente representen los ingresos y gastos de ese período, y no de otro.

Cuando la Zapatería Mauricio decide elaborar sus estados financieros para finales de mes, el contador haría los siguientes asientos en el Libro Diario, tal como se muestra en el cuadro 7.16, para cerrar los registros de enero de 2015:

CUADRO 7.16

Zapatería Mauricio

(asiento de cálculo del resultado a 31 de enero)

Fecha	Asientos	Ref.	Débitos	Cantidades Créditos
31/01/2015	Ventas de zapatos		5.500,00	
	Costo de los zapatos vendidos			2.200,00
	Gastos por sueldos			100,00
	Gastos por seguros			41,67
	Gastos por amortización			216,66
	Gastos por intereses			133,33
	Gasto por derechos de difícil cobro			150,00
	Beneficio neto acumulado			2.658,34
				5.500,00

Se cierra cada cuenta de ingreso y de gasto necesario para obtener esos ingresos (esto es, se saldan, se dejan con saldo cero) mediante el procedimiento de: 1) determinar el saldo de la cuenta (información que suministra el Libro Mayor), y 2) poniendo esta misma cantidad en el lado opuesto de la cuenta (mediante el registro previo en el Libro Diario del asiento de cálculo del resultado). Es decir, un saldo deudor de una cuenta se salda con el lado acreedor del Diario y un saldo acreedor se salda con el saldo deudor. Por ejemplo, antes del cierre, la cuenta Ventas de zapatos tenía un saldo acreedor de 5.500 dólares (Libro Mayor). Para cerrar esta cuenta, se contabilizó el asiento de cálculo del resultado, cargando la misma por 5.500 dólares, con lo que se la deja en saldo cero en el Libro Mayor. La cuenta Costo de los zapatos vendidos tenía un saldo deudor de 2.200 dólares (Libro Mayor), por lo que, para cerrarla, se le anotó un saldo acreedor por 2.200, lo cual requiere previamente del oportuno asiento en el Libro Diario.

Después de que todas las cuentas de ingresos y de gastos han sido cerradas (es decir, dejadas con saldo cero), se obtiene el saldo de la cuenta representativa del resultado obtenido por la empresa en el ejercicio. En el ejemplo, esta diferencia es de 2.608,34 dólares, representa el beneficio neto acumulado para el mes de enero, y como tal se ubicará en el balance general a través de la masa patrimonio neto.

Consejo rápido

Manejo de las cuentas de ingresos y de gastos. Las cuentas de ingresos y de gastos son cuentas de gestión del ejercicio. Usted puede cerrarlas en cualquier momento en que desee totalizar la información respecto de su situación económico-financiera. Al finalizar el período contable, todas las cuentas de ingreso y las de gasto se cierran, permitiendo crear la cuenta representativa del beneficio neto acumulado. Esto deja todas las cuentas de ingreso y de gasto con saldo cero después del proceso de cierre y permite también al lector del estado financiero saber cuánto beneficio o pérdida ha generado el negocio.

Antes del asiento de cierre, la cuenta Ventas de zapatos presentaba en el Libro Mayor los movimientos que muestra el cuadro 7.17.

CUADRO 7.17

Libro Mayor
Ventas de Zapatos

Ventas				Cuenta n.º 700			
Debe				Haber			
Fecha	Concepto	Referencia	Importe	Fecha	Concepto	Referencia	Importe
				Enero 6		D-1	500
				Enero 21		D-1	5.000

Después del traspaso de los asientos de cierre, la cuenta de venta de zapatos aparecerá con saldo cero, como muestra el cuadro 7.18.

CUADRO 7.18

Ventas				Cuenta n.º 700			
Debe				Haber			
Fecha	Concepto	Referencia	Importe	Fecha	Concepto	Referencia	Importe
				Enero 6		D-1	500
				Enero 21		D-1	5.000
Enero 31		D-5	5.500				

A menudo los contadores preparan un balance de comprobación posterior al cierre para comprobar que los débitos y créditos permanecen en equilibrio y para verificar que todas las cuentas de gestión han sido cerradas. El balance de comprobación de la Zapatería Mauricio figuraría como aparece el cuadro 7.19. Este balance de comprobación no muestra un listado de las cuentas de ingresos y gastos, ya que estas cuentas han sido saldadas con el asiento de cálculo del resultado del ejercicio.

CUADRO 7.19

Zapatería Mauricio
Balance de Comprobación Antes de Asientos de Cierre Al 31 de enero de 2015

	Débitos	Créditos
Tesorería	19.400,00	
Cuentas por cobrar	1.500,00	
Deterioro de las cuentas por cobrar	(150,00)	
Inventarios de existencias	20.800,00	
Seguros pagados por anticipado	1.458,33	
Terreno	10.000,00	
Edificio	25.000,00	
Amortización acumulada del edificio	(83,33)	
Camión	8.000,00	
Amortización acumulada del camión	(133,33)	

Cuentas por pagar		3.000,00
Intereses por pagar		133,33
Hipotecas por pagar		20.000,00
Capital		60.000,00
Beneficios netos acumulados		2.658,34
Totales	85.791,67	85.791,67

El proceso de cierre, por tanto, resulta bastante rutinario, tal y como muestra el cuadro 7.20. Lo único que habría que hacer es contabilizar un último asiento en el Libro Diario donde se anotarán a la izquierda del Libro Diario las cuentas que presentan saldo deudor al cierre, y a la derecha las cuentas que presentan saldo acreedor al cierre. Con ello, al trasladar estos apuntes contables al Libro Mayor, sus cuentas representativas quedarían cerradas (saldadas, con saldo cero), quedando con ello el Libro Diario y el Libro Mayor cerrados.

CUADRO 7.20

Zapatería Mauricio
Libro Diario (asiento de cierre a 31 de enero)

				Cantidades
Fecha	**Asientos**	**Ref.**	**Débitos**	**Créditos**
31/01/2015	Tesorería			19.400,00
	Cuentas por cobrar			1.500,00
	Deterioro de las cuentas por cobrar		150,00	
	Inventarios de existencias			20.800,00
	Seguros pagados por anticipado			1.458,33
	Terreno			10.000,00
	Edificio			25.000,00
	Amortización acumulada del edificio		83,33	

	Camión			8.000,00
	Amortización acumulada del camión		133,33	
	Cuentas por pagar		3.000,00	
	Interés por pagar		133,33	
	Hipotecas por pagar		20.000,00	
	Capital		60.000,00	
	Beneficios netos acumulados		2.658,34	

En este capítulo, usted ha aprendido cómo registrar las transacciones del ejercicio en el Libro Diario, así como a traspasar los apuntes contables de este libro al Libro Mayor. Igualmente aprendió a hacer lo propio con los asientos de ajuste y con el asiento de cierre contable de una empresa. A continuación, en los capítulos 8 y 9, nos centraremos en el estudio de los estados financieros para la toma de decisiones dentro de la empresa.

GLOSARIO DE TÉRMINOS

Asientos de ajuste en el Libro Diario. Los asientos de ajuste del Libro Diario se hacen al finalizar el período contable (mes, trimestre y/o un año) para reconocer las transacciones que han sucedido antes de la fecha de emisión de los estados financieros, pero que no habían sido registradas en el Diario. Ejemplos de estos asientos son la depreciación del activo a largo plazo, los gastos pagados en forma anticipada y que se consumen en el período, tales como las pólizas de seguros, los intereses sobre hipotecas devengados y no pagados, los alquileres consumidos pendientes de pago, etc.

Asientos de cierre en el Libro Diario. Es el proceso que se requiere para dejar todas las cuentas saldadas (con saldo cero). Este proceso se lleva a cabo al finalizar determinados períodos tales como un mes, un trimestre o un año y en forma previa a la preparación de los estados financieros, lo que nos permitirá: i) calcular el resultado obtenido por la empresa por comparación de los ingresos y los gastos necesarios para obtener dichos ingresos; y, ii) elaborar el balance general de la empresa al cierre de ese período.

Asientos del Libro Diario. Tan pronto como se realiza una transacción, se hace un asiento en el Libro Diario para reconocerla. Se practica un débito y un crédito en las cuentas que resultaron afectadas por la transacción. Las cantidades que se anotan al débito y al crédito de las cuentas deben ser siempre por la misma cantidad.

Balance de comprobación de sumas y saldos. Es un listado de todas las cuentas que aparecen en el Libro Mayor con un saldo distinto de cero. Este balance se suele preparar antes de la elaboración de los estados financieros para estar seguros de que las cuentas del balance están equilibradas (cuadradas) y que todos los asientos del Diario han sido ejecutados correcta y precisamente. Si el balance de comprobación no estuviese en equilibrio (es decir, que la suma de los débitos no fuese igual a la suma de los créditos), ello indicaría que se ha cometido algún error, ya sea al registrar la transacción en el Libro Diario, o en el traspaso de la transacción al Libro Mayor.

Créditos (Haber, Abonar). Corresponde al lado derecho de la columna de cantidades en un Libro Diario o un Libro Mayor. Se hacen anotaciones de crédito cuando los activos y los gastos disminuyen su saldo y cuando los pasivos, patrimonio neto e ingresos aumentan el suyo.

Cuadro de cuentas. Es un listado de cuentas subdividido de acuerdo a la naturaleza de las cuentas y a las cuales se les asocia un código o numeración. Cada vez que se hace un asiento contable, el contador utilizará el mismo número de cuenta para ese activo, pasivo, patrimonio neto, ingreso o gasto en particular; por ejemplo, el código (301) para capital, el código (101) para tesorería, o el (700) para las ventas de zapatos.

Débitos (Debe, Cargar). Se denomina así al lado izquierdo de la columna de cantidades del Diario o del Mayor. Los débitos se registran cuando aumentan los activos y los gastos. Lo propio ocurre cuando disminuyen los pasivos, el patrimonio neto y los in-gresos.

Depreciación. Es el proceso de distribuir el costo histórico de un activo a largo plazo entre los productos o servicios que éste contribuyó a generar. Esta distribución se hace a lo largo de la vida útil esperada del respectivo activo. Para poder determinar esta cantidad, la administración debe hacer un supuesto acerca de cuánto será la vida útil de cada activo a largo plazo, como también si dicho bien tendrá o no algún valor al final de su vida útil (valor residual). Luego, el costo histórico del activo será distribuido entre los productos o servicios que éste produzca durante su vida útil. Cuando se utiliza el método de depreciación que distribuye el costo del bien de forma uniforme durante su vida útil se dice que se ha aplicado el método de depreciación lineal o de cuotas constantes. El valor económico de la depreciación se denomina amortización.

Depuración del deterioro de cuentas por cobrar. Se refiere al proceso de identificar una cuenta por cobrar que difícilmente podrá ser cobrada y su tratamiento contable. Estas cuentas se corrigen llevando el deterioro a una cuenta de gastos, mediante una estimación de su importe hecha por la administración de la empresa sobre la base de la experiencia pasada en cuanto a la tasa de -morosidad, o por seguimiento individualizado de cada uno de los derechos de cobro.

Libro Diario. Es el libro en el cual se registran todos los asientos contables del período. Las transacciones se registran en el Libro Diario tan pronto como ocurren. La o las secciones de las cuentas que participan en la transacción y que resultan afectadas son: fecha de la operación; débito, crédito y la explicación de la transacción efectuada o concepto.

Libro Mayor. Es un libro que contiene una página (o varias) por cada cuenta que el negocio haya creado, de forma individualizada. Después de que una transacción ha sido registrada en el Libro Diario, los componentes son traspasados a las respectivas cuentas individuales del Libro Mayor. Por tanto, en cualquier momento es posible revisar las cuentas individuales del Libro Mayor para saber su saldo actual.

Traspaso. Es el proceso de transferir la información desde el Libro Diario a las cuentas individuales contenidas en el Libro Mayor. En cualquier momento pueden revisarse las cuentas individuales del Libro Mayor para determinar su saldo.

8. Usando los estados financieros para el análisis a corto plazo

- **El uso de los ratios en el análisis a corto y largo plazo.**
- **Los ratios para el análisis de la liquidez.**
- **Fondo de maniobra.**
- **Composición de activos.**
- **Glosario de términos.**

El uso de los ratios en el análisis a corto y largo plazo

Los estados financieros son muy útiles en el momento de identificar los motivos por los cuales la empresa presenta una determinada situación, así como para evaluar el futuro a corto (usualmente definido como 12 meses o menos) o largo plazo. Este capítulo se centra en el estudio del análisis a corto plazo (o de la liquidez) de la empresa.

La pregunta más importante a ser respondida cuando se evalúe el corto plazo o liquidez de una compañía es si estará o no en condiciones de pagar sus deudas a sus respectivas fechas de vencimiento en el corto plazo. Para ello, los recursos generados en el corto plazo han de superar a los compromisos a atender en ese período. De la misma forma, cuando se analiza el largo plazo o solvencia, la cuestión es saber si la empresa estará o no en condiciones de pagar sus compromisos a largo plazo con los recursos generados en ese horizonte temporal.

Ciertos usuarios de estados financieros estarán particularmente interesados en las perspectivas a corto plazo o a largo plazo de la compañía. Por ejemplo, los banqueros que hayan hecho o que estén considerando conceder préstamos a corto plazo (treinta, sesenta días o incluso a seis meses) estarán muy interesados en saber si la empresa estará en condiciones de devolver a su vencimiento los préstamos que le sean concedidos. Estos usuarios de los estados financieros intentarán pronosticar los flujos de caja durante el período en que el préstamo que ellos podrían conceder esté pendiente de reintegro. De ahí la importancia del estado de flujo de efectivo descrito en el capítulo 5.

A continuación procederemos a describir los instrumentos y conceptos vinculados al estudio a corto plazo.

Los ratios para el análisis de la liquidez

Uno de los ratios empleados en el análisis financiero a corto plazo de los estados contables es el *ratio circulante,* que consiste en dividir:

Ratio de circulante = Activos corrientes o a corto plazo / Pasivos corrientes a corto plazo

Este ratio mide, en términos relativos, la capacidad de una empresa para hacer frente, con su activo corriente, a las obligaciones reconocidas en su pasivo corriente (considera, por tanto, el exceso de activo corriente sobre el pasivo corriente como garantía de liquidez). Dado su carácter sintético, este ratio hace abstracción de las diferentes características de los activos y pasivos corrientes, interesándose únicamente por sus cuantías.

Otro de los ratios que se emplean en el estudio de la liquidez es el *ratio quick.* Este ratio trata de medir la capacidad para cancelar el pasivo corriente empleando el valor resultante de restar las existencias al activo corriente, esto es, la tesorería y los derechos de cobro a corto plazo. Estos activos son seleccionados porque su liquidación es más segura y su distancia a la liquidez más corta; además son los únicos activos circulantes cuya distancia a la liquidez ha de ser necesariamente inferior al año.

Ratio quick = (Activos corrientes – Existencias) / Pasivos corrientes

Si sólo nos centráramos en los activos liquidables, obtendríamos el *ratio de tesorería*. Este ratio es la medida más exigente de liquidez ya que mide la proporción del pasivo corriente que sería posible atender con la tesorería y las inversiones financieras temporales liquidables a cortísimo plazo.

Ratio de liquidez = (Tesorería + Activos cuasi líquidos) / Pasivos corrientes

Hay varias razones por las que no es de extrañar que el *ratio de tesorería* muestre valores próximos a cero: i) las inversiones en tesorería son poco rentables; ii) las empresas suelen gestionar sus recursos líquidos a través de bancos, que disponen de un producto sustitutivo de la tesorería muy competitivo: las pólizas de crédito (éstas, que no aparecen en el balance de la empresa, salvo que disponga de ellas, permiten que la empresa disponga de forma rápida y económica de los recursos líquidos necesarios para soportar su actividad), e iii) cuando la empresa es capaz de coordinar sus cobros y pagos puede llegar a una situación en la que la tesorería necesaria sea prácticamente nula.

Volvamos al cuadro 3.4 del capítulo 3 de la Compañía Zapatería Mauricio, y centrémonos sólo en los activos y pasivos corrientes a 31 de diciembre de 2015.

CUADRO 8.1

Activos a corto plazo	
Tesorería	
Caja y bancos	17.385
Derechos de cobro	
Cuentas por cobrar	9.175
Deterioro de las cuentas por cobrar	−175
Existencias	
Inventario de mercancías	23.000
Seguros pagados por anticipado	1.000
Total activos corrientes	50.385

Pasivos a corto plazo	
Cuentas por pagar	3.000
Total pasivos corrientes	4.000

El ratio de circulante de esta empresa nos daría 12,6. Esta cifra resulta de dividir los activos corrientes existentes a la fecha del balance general de 31 de diciembre de 2015, de 50.385 dólares, entre los pasivos circulantes al mismo día, 4.000 dólares; el ratio quick nos daría 6,6. Para llegar a esta cifra tomamos los activos corrientes, menos las existencias, a 31 de diciembre, por 26.385 dólares y los dividimos entre los pasivos circulantes de 4.000 dólares; el ratio de tesorería nos daría 4,3. Para llegar a esta cifra tomamos los activos liquidables a 31 de diciembre, por 17.385 dólares, y los dividimos entre los pasivos circulantes de 4.000 dólares. Pero, ¿qué significan estos números?

Antes de que usted pueda decidir si la empresa tiene o no suficientes activos corrientes para cubrir sus pasivos circulantes, necesita saber cómo era esa relación en el período(s) anterior(es), así como cuál es esa relación en el sector en el que opera la empresa, calculando para ello diversos datos estadísticos, como es la propia media del sector. Además, al evaluar la liquidez, no debe conformarse con que el activo corriente supere al pasivo corriente, sino exigir que el exceso sea suficiente para hacer frente a alguna contingencia imprevista, por lo que ha de adoptarse una estrategia conservadora en este sentido. En general, mientras mayor sea el dato del ratio, mayor será la probabilidad de que la empresa pueda pagar sus deudas en el corto plazo.

En el caso de la Compañía Zapatería Mauricio, los ratios son superiores a la unidad, por lo que en principio parece ser que la empresa está en buena posición para pagar sus pasivos circulantes. Ahora bien, dado su carácter sintético, este ratio hace abstracción de las diferentes características de los activos y pasivos corrientes, interesándose únicamente por sus cuantías. Igualmente no tiene en cuenta los diferentes plazos de vencimiento de los derechos de cobro y obligaciones de pago.

¡Alerta!

Lo mayor no siempre es lo mejor. Al cierre del período podemos calcular los ratios y obtener los correspondientes datos. Quizá los ratios presentan importes relativos significativos, lo que no quiere decir que esa situación sea la idónea. Lo óptimo sería que la empresa siempre tuviera unas cifras ideales, mínimas, necesarias, de partidas de corriente, sean activos o pasivos, y en función de esos importes óptimos, calcular los correspondientes ratios de corto plazo.

Consejo rápido

La información ha de ser actualizada. A la hora de analizar los estados contables hay que tener presente que no ha de pasar mucho tiempo entre el cierre del ejercicio y el momento en el que esa información se pone en manos de quien quiere analizarla, de cara a la óptima y adecuada toma de decisiones en la empresa.

Fondo de maniobra

Una de las magnitudes que se obtiene del análisis del corto plazo de la empresa es el fondo de maniobra, que se calcula de la siguiente manera:

Fondo de maniobra = Activos a c/p – Pasivos a c/p

El fondo de maniobra es como el «estanque de reserva» que viene en cada automóvil dentro del depósito principal. Permite a la administración cometer errores de estimación en sus futuros ingresos y desembolsos de caja y aun así ser capaz de pagar las deudas en el momento en que vencen. Por ejemplo, si la empresa estima que los cobros derivados de su activo corriente no suelen ser suficientes para atender los pagos que surgen de su pasivo corriente, deberá contar con un fondo de maniobra que le permita hacer frente a esos posibles estrangulamientos en los pagos. Por esta razón el fondo de maniobra es financiado por el pasivo y el patrimonio neto.

¡Alerta!

Todo es relativo. ¿Cómo sabemos cuánto debe haber en el fondo de maniobra? El cálculo del fondo de maniobra no tendrá mayor utilidad si no se le relaciona con los flujos de caja de efectivo y con las cifras de la empresa en los períodos previos. Por ejemplo, si en nuestra empresa calculamos el fondo de maniobra y resulta ser de 20.000 dólares, este dato no nos suministra excesiva información. Sin embargo, si sabemos que éste hace tres años fue 10.000 dólares, el de hace dos años 14.000 dólares, y el del año pasado, 17.000 dólares, en principio esto parece poner de manifiesto una tendencia positiva y le da sentido al importe de los 20.000 dólares del año actual. También es importante analizar el estado de la economía, los futuros pasivos circulantes y las reales necesidades de contar con exceso de efectivo en la empresa.

Adicionalmente, es necesario comparar el fondo de maniobra con el flujo de caja de la empresa, de la forma que se calculó en el capítulo 5. Cuánto fondo de maniobra deba tener una empresa dependerá realmente de sus flujos de efectivo, y, por tanto, de la capacidad de hacer frente a los pagos con los cobros que genera.

En el caso de nuestra Sociedad Zapatería Mauricio, su fondo de maniobra es de 46.385 dólares (activos circulantes por 50.385 dólares menos pasivos circulantes por 4.000 dólares).

Consejo rápido

Su fondo de maniobra, ¿es lo suficientemente grande? ¿Cuánto es su flujo de efectivo mensual? ¿Es negativo en alguna oportunidad? ¿Cuál es el presupuesto de flujo de caja para el futuro?

Si en el pasado su flujo de efectivo ha sido normalmente negativo y usted ha previsto que lo seguirá siendo durante los próximos doce meses, obviamente necesitará un fondo de maniobra mayor que si sus expectativas fuesen lo opuesto. Además, ¿cuáles son las previsiones de la economía para esos futuros doce meses y cómo afectarán a su empresa? Si se espera una disminución que pudiera afectar a la industria a la que pertenece su empresa, usted necesitará una cantidad mayor de fondo de maniobra, dado que las probabilidades señalan que logrará menores ingresos que le ayuden a pagar sus deudas.

Composición de activos

Para pronosticar si una empresa podrá sobrevivir en el corto plazo, usted necesita también analizar la composición de sus activos circulantes; es decir, necesita ver que cada una de las cuentas que conforman el activo circulante tenga la magnitud adecuada. En este caso, su atención debe centrarse en los ítems cuentas por cobrar e inventarios, que son los que necesitan ser transformados en tesorería.

Las cuentas por cobrar llegan a tener en ocasiones un gran peso debido a que los clientes se demoran en pagar sus deudas, o porque la empresa modificó su política crediticia, de forma tal que ahora tienen acceso al crédito personas que representan un mayor riesgo crediticio, o que son lentas en el pago de sus deudas.

Los inventarios tienden a crecer cuando, por ejemplo, la administración sobrestima la demanda sobre los productos de la empresa y, o bien compra en exceso, o fabrica demasiados ítems. Ambas situaciones tienen efectos negativos para las previsiones a corto plazo de la empresa. Para determinar si sus inventarios tienen el tamaño adecuado, usted debería calcular lo que se denomina la rotación de sus inventarios de existencias.

La rotación de inventarios

La rotación de inventarios se calcula dividiendo el costo de los productos vendidos entre el inventario promedio [(saldo de inventario inicial + saldo de inventario de cierre)/2].

Consejo rápido

Si nos centramos en una empresa como Zapatería Mauricio, la rotación de inventarios representa el número de veces que, como promedio, el inventario «ha rotado» (en el período, cuántas veces ha sido la mercancía colocada en el exterior). Si una empresa vende y reemplaza su inventario a una tasa muy alta, la rotación es alta. Si los ítems de inventario permanecen largos períodos sin ser vendidos, la rotación es baja. Para este caso no hay una regla práctica disponible, excepto decir, en términos generales, que es deseable una rotación lo más alta posible, por razones obvias. Para decidir si la rotación de inventarios en particular es o no la deseable, hay que comenzar por revisar los datos anteriores de la entidad, los datos de rotación de otras empresas similares o los del sector. Una rotación relativamente alta podría sugerir que se están perdiendo ventas debido a carencia de inventarios; una baja cantidad de rotaciones podría sugerir que la demanda de los productos está disminuyendo, que algunos productos no pueden ser vendidos o que es aconsejable reducir precios. Una baja rotación a la fecha de elaboración del balance general podría también indicar que la empresa contaba con demasiado efectivo y por ello se invirtió en inventarios.

En una tienda de productos frescos uno debe esperar que el inventario rote cada uno o dos días, considerando que se venden productos perecederos. En una empresa que vende abrigos de piel, en el otro extremo, usted debe esperar que este índice sea de uno o dos meses, dado que los abrigos de piel se compran con mucha menos frecuencia y en cantidades mucho menores que los productos alimenticios. Es crítico, entonces, conocer y entender el sector que se está analizando a fin de estar en condiciones de evaluar los datos.

¿Cómo esperaría usted que fuese el índice de rotación de inventarios de mercaderías para la Zapatería Mauricio? Su inventario, sin duda, no se moverá tan rápido como la empresa que vende productos frescos; sin embargo, si ellos quieren permanecer en el sector y no terminar con una gran cantidad de inventarios que no podrán vender, su inventario deberá moverse con mayor velocidad que el de la empresa de abrigos de pieles mostrada precedentemente. Por tanto, ¿qué cree usted? ¿Una semana?, ¿un mes?, ¿dos meses? Bien, veamos.

Para determinar el costo de los bienes vendidos, necesitamos ir al cuadro 4.1 del capítulo 4, donde veremos que a 31 de diciembre de 2015 el costo de los bienes vendidos era de 14.200 dólares.

Para calcular el inventario de existencias promedio, nos trasladamos al cuadro 3.4 del capítulo 3, donde observamos que el inventario al 31 de diciembre de 2015 era de 23.000 dólares. ¿Cuánto era el inventario al 31 de diciembre de 2014? Bueno, lamentablemente, la Zapatería Mauricio no estaba en funcionamiento entonces; por tanto, era cero. Para calcular el inventario promedio tomamos el inventario inicial (0 dólares), el inventario final (23.000 dólares), sumamos ambas cifras y dividimos entre dos. Luego el inventario promedio es 11.500 dólares.

Para calcular la rotación de inventario dividimos el costo de los bienes vendidos (14.200 dólares) entre el inventario promedio (11.500 dólares), con lo que obtenemos 1,24. ¿Qué significa esta cifra? Significa que el inventario promedio está rotando 1,24 veces por año. Es decir, casi cada 12 meses. ¡Esto no es bueno! Las zapatos están siendo elaborados o comprados y luego no se venden en términos medios en doce meses. Si este dato no mejora, la compañía va a continuar incrementando el saldo de existencias de mercaderías, lo cual no es bueno. Puede que Mauricio necesite un plan de marketing mejor. ¿Qué otras alternativas puede visualizar usted?

Plazo promedio de cobro de cuentas por cobrar

Para el estudio de las cuentas por cobrar (por la venta de las mercaderías o de los productos terminados, o por la prestación de servicios) a la fecha del balance, usted puede calcular el plazo promedio de cobros:

Plazo promedio de cobros (días) = Cuentas por cobrar / Ventas diarias promedio[1]

Para evaluar los resultados, en este caso usted debe confiar más en el plazo promedio de cobros de períodos anteriores de la misma compañía, o compararlo con la media del sector en el que opera ésta. Si el plazo promedio de cobros se ha venido incrementando, ello puede indicar que la empresa ha venido sufriendo dificultades crecientes para cobrar sus cuentas en la fecha en que vencen.

Una vez más miremos los resultados de la Zapatería Mauricio y veamos cómo lo están haciendo en sus cobros de cuentas por cobrar. Para encontrar sus cuentas por cobrar vamos al cuadro 3.4 y vemos que al final del año 2015 tenían cuentas por cobrar por 9.175 dólares. Luego nos fijamos en el cuadro 4.1 y vemos que las ventas del año fueron 35.500 dólares. Para llegar a las ventas promedio diarias, dividimos los 35.500 dólares entre 365 y obtenemos 97,26. Para calcular el plazo promedio de cobros dividimos las cuentas por cobrar, 9.175 dólares, entre las ventas promedio diarias, 97,26, y obtenemos 94,33. Esto significa que esta empresa tarda, en términos medios, 95 días en cobrar a sus clientes.

1 (Ventas diarias promedio es igual a Ventas anuales/365).

La compañía Zapatería Mauricio tiene una política que permite a sus clientes pagar a treinta o a sesenta días. El hecho de que el plazo promedio de cobros haya resultado superior a la política significa que la empresa realmente está tardando demasiado tiempo en cobrar y con ello poder utilizar el dinero en el desarrollo de su actividad, lo cual no es un buen síntoma. La compañía tendrá que pensar en cómo podrá lograr que sus clientes le paguen más pronto (aplicando descuentos, comerciales o financieros), o deberá abstenerse de vender a crédito, si bien este último camino ha de ser ampliamente considerado.

El análisis financiero de la empresa no debe centrarse exclusivamente en su liquidez o corto plazo, sino que ha de extenderse al largo plazo, surgiendo con ello el concepto de solvencia del negocio. El análisis a largo plazo o solvencia será estudiado en el apartado siguiente.

GLOSARIO DE TÉRMINOS

Fondo de maniobra. Esta magnitud surge al restar los activos de corto plazo – los pasivos de corto plazo. Permite a la administración cometer errores de estimación en sus futuros ingresos y desembolsos de caja y aun así ser capaz de pagar las deudas en el momento en que vencen.

Índice de rotación de inventario. Es una herramienta de corto plazo que se calcula dividiendo el costo de los bienes vendidos entre el inventario de existencias promedio. Señala cuántas veces, como promedio, rota (o se vende) el inventario de existencias durante un año.

Patrimonio neto. Es la garantía de solvencia, ya que resulta de restar a los activos totales, el global de los pasivos exigibles de la compañía.

Período promedio de cobros. Es una herramienta de corto plazo que se calcula dividiendo las cuentas por cobrar entre las ventas diarias de promedio. Esta cifra es utilizada por la administración para determinar cuánta demora hay para el cobro de sus cuentas por cobrar. Si la política crediticia de una compañía es crédito a treinta días para sus clientes y el plazo promedio de cobros es mayor que treinta días, la administración debe averiguar las causas y determinar de qué forma acelerar el plazo de cobro de sus cuentas por cobrar.

Ratio circulante. Mide, en términos relativos, la capacidad de una empresa para hacer frente, con su activo corriente, a las obligaciones reconocidas en su pasivo corriente (considera, por tanto, el exceso de activo corriente sobre el pasivo corriente como garantía de liquidez). Dado su carácter sintético, este ratio hace abstracción de las diferentes características de los activos y pasivos corrientes, interesándose únicamente por sus cuantías.

Ratio quick. Mide la capacidad para cancelar el pasivo corriente empleando el valor resultante de restar las existencias al activo corriente, esto es, la tesorería y los derechos de cobro a corto plazo. Estos activos son seleccionados porque su liquidación es más segura y su distancia a la liquidez más corta; además son los únicos activos circulantes cuya distancia a la liquidez ha de ser necesariamente inferior al año.

Ratio de solvencia. Uno de los ratios empleados en el análisis financiero a largo plazo de los estados contables es el que consiste en dividir los activos totales entre pasivos exigibles totales. Este ratio mide, en términos relativos, la capacidad de una empresa para hacer frente, con todo su activo (corriente y no corriente), a las obligaciones reconocidas en su pasivo total (corriente y no corriente); considera, por tanto, el exceso de activo sobre el pasivo exigible como la garantía de solvencia.

Ratio de tesorería. Este ratio es la medida más exigente de liquidez ya que mide la proporción del pasivo corriente que sería posible atender con la tesorería y las inversiones financieras temporales liquidables a cortísimo plazo.

9. Usando los estados financieros para el análisis a largo plazo

- **Calidad de la información de los ingresos en la cuenta de resultados.**
- **Rentabilidad financiera.**
- **Ventas basadas en porcentajes.**
- **Posición de apalancamiento financiero.**
- **Información sobre dividendos.**
- **Glosario de términos.**

Calidad de la información de los ingresos en la cuenta de resultados

Al analizar los estados financieros, es importante tener en mente la calidad de los ingresos de la compañía que está siendo analizada. Pero, ¿qué significa esto?

En términos generales, las compañías que tienen ingresos de alta calidad son aquellas que tienen un sólido historial de ingresos y de ratios, tanto para el corto como para el largo plazo y que, por lo mismo, se encuentran en una buena posición para mantener altos ingresos en el futuro.

El concepto de calidad de los ingresos es utilizado tanto por acreedores como por inversionistas que entienden que esta cifra en la cuenta de resultados no significa lo mismo en todas las organizaciones.

Las compañías que tienen ingresos de alta calidad tienen más facilidades para acceder a pólizas de crédito, así como a menores costos por concepto de intereses derivados del endeudamiento.

En el capítulo 8 se plantearon diversos ratios que resultan útiles para analizar la viabilidad de la empresa en el corto y largo plazo. En el capítulo 9 procede hacer lo propio con el análisis de la rentabilidad de los estados financieros de la empresa.

A continuación procederemos a exponer los ratios empleados en el análisis a largo plazo o de la rentabilidad de la empresa.

Rentabilidad financiera

La rentabilidad financiera (RF) viene definida por la utilidad obtenida por la empresa (beneficio) en relación con los recursos sacrificados por los socios (fondos propios).

Rentabilidad financiera = Beneficio neto / Patrimonio neto

Este índice señala cuánto beneficio se obtuvo en comparación con la inversión hecha por los dueños en el negocio. En el ejemplo del capítulo 3, el patrimonio neto de la empresa de Mauricio era de 60.000 dólares. Puesto que el beneficio neto para 2015 fue de 10.385 dólares, la propietaria obtuvo una rentabilidad financiera del 17,31 por 100 (10.385/60.000).

Este 17,31 por 100, ¿es una buena rentabilidad para el patrimonio de la dueña? La única forma de responder a esta pregunta es saber qué alternativas de inversión tenía en consideración el inversionista. ¿Podía la inversionista haber invertido en otra alternativa y ganar más dinero? Si la respuesta es no, entonces esta rentabilidad es buena. Este análisis debe hacerse sobre una base de continuidad en el tiempo para determinar dónde debe invertirse el dinero.

Dicho esto, debemos agregar que hay excepciones. Durante los primeros años de una compañía, puede que sus dueños generen pocos beneficios..., o nada. Pero se estará haciendo una apuesta hacia el futuro, en la confianza de que los retornos que obtendrá superarán los de las demás alternativas. Adicionalmente, una empresa puede estar comparando cómo lo hizo este año con respecto al año anterior, comparando la tasa de rentabilidad para cada uno de esos dos años.

La comparación de los resultados de una empresa con otra del mismo sector también puede resultar un indicador útil para determinar cómo lo está haciendo la empresa respecto de la competencia.

> **¡Alerta!**
>
> Conozca sus estimaciones. Al hacer comparaciones entre dos años dentro de la misma compañía o entre una compañía y otra, usted debe estar alerta con relación a las estimaciones hechas y qué principios de contabilidad generalmente aceptados se aplicaron. Dado que el beneficio acumulado neto comprende diversas estimaciones, si los principios de contabilidad generalmente aceptados no fueron los mismos en esos años, o entre las empresas, estos índices simplemente no son comparables.

Ventas basadas en porcentajes

A fin de poder pronosticar rentabilidades futuras, usted necesita examinar las ventas y gastos anteriores de su empresa y de otras compañías.

Beneficio neto como un porcentaje de las ventas

Una de estas razones que ayudan al análisis de futuras rentabilidades es el beneficio neto como porcentaje de las ventas.

Beneficio neto como porcentaje de las ventas = Beneficio neto / Ventas × 100

Un aumento en este porcentaje, comparado con el del año anterior, puede señalar que la empresa está operando de forma más eficiente. Se hicieron más ventas con menos gastos. De igual forma, cuando la utilidad neta, como porcentaje de las ventas, es mayor en una empresa que en otra, puede indicar que una empresa ha sido más eficiente operacionalmente que la otra.

Porcentajes de ventas

Para ayudar a verificar estos indicadores y lograr una mejor visión de los cambios operacionales, es también útil comparar una variedad de diferentes gastos con la cifra de ventas. Al comprender estos índices de los distintos gastos en relación con las ventas, uno puede determinar si se desembolsa en estos gastos un porcentaje mayor o menor durante el año en curso respecto del anterior. Si una empresa quiere ser competitiva, debe controlar sus gastos. Estos índices señalan las áreas en las cuales la empresa ha podido controlar sus gastos. Véase el cuadro 9.1 donde aparecen varios ejemplos de estos gastos.

CUADRO 9.1
Porcentajes de ventas importantes

1. Costo de los bienes vendidos/Ventas.
2. Gastos derivados de las ventas/Ventas.
3. Gastos generales y administrativos/Ventas.
4. Gastos por depreciación/Ventas.
5. Gastos por alquileres/Ventas.
6. Gastos por reparación y mantenimiento/Ventas.
7. Gastos por publicidad/Ventas.
8. Gastos por investigación y desarrollo/Ventas.

Otro índice basado en las ventas que resulta útil es la tasa de crecimiento de las ventas de un período a otro, calculado comparando el incremento (o decremento) en las ventas de un período entre dos períodos, por ejemplo, con las ventas del primer período. Usted verá que resulta muy informativo enterarse de que las ventas de Zapatería Mauricio aumentaron en un 10 por 100 entre el primer período y el segundo; que aumentaron en 20 por 100 desde el período dos al tres, en 30 por 100 del período tres al cuatro y así sucesivamente. El patrón de comportamiento de las ventas de la empresa en los años más recientes puede ayudarle para hacer una estimación de las ventas futuras esperadas.

Posición de apalancamiento financiero

Algunas personas creen que una empresa que pide dinero prestado no está siendo tan bien administrada como aquellas que funcionan sin pedir préstamos. Esto no es necesariamente cierto y puede que tampoco sea lo más conveniente. A menudo, al solicitar préstamos, una compañía puede incrementar la utilidad neta para los accionistas sin incrementar la inversión de los dueños. Por esta razón, al endeudamiento a largo plazo se le conoce también con el nombre de apalancamiento financiero, ya que los préstamos bien empleados elevan (apalancan) los resultados. Aparte de ello, los costos del endeudamiento constituyen gastos que se descuentan en el estado de resultados, antes de pagar impuestos, por lo que su costo para los dueños de la empresa disminuye. Finalmente en este punto y aunque una explicación detallada excede la intención de este libro, debemos dejar establecido que el costo de financiamiento del capital de los dueños es y debe ser siempre superior a cualquier otra fuente de financiamiento.

Por ejemplo, digamos que la compañía A, cuyos activos totales son 100.000 dólares, sus pasivos totales 10.000 dólares y el patrimonio accionarial es 90.000 dólares, espera beneficios netos anuales de 9.000 dólares. Esto representa un retorno de la inversión igual al 10 por 100.

Suponga ahora que la administración está evaluando la compra de activos por 40.000 dólares. Estos activos producirán un beneficio neto anual (antes de gastos por intereses) de 4.000 dólares. La empresa tiene dos opciones: la primera es tomar un préstamo por los 40.000 dólares al 6 por 100 de interés, o puede pedir a los accionistas que inviertan 40.000 dólares adicionales en el negocio.

En el escenario uno, la compañía A toma en préstamo los 40.000 dólares que se requieren. La utilidad neta de la compañía al año siguiente sería de 10.600 (9.000 + 4.000 - 2.400) antes de impuestos. La reducción de 2.400 dólares a la utilidad neta corresponde a los intereses en el préstamo (40.000 × 6%). Luego la rentabilidad sobre la inversión sería del 11,7 por 100 (10.600/90.000).

Bajo el escenario dos, en vez de endeudarse en los 40.000 dólares, los propietarios invierten ese importe de su propio dinero. La utilidad neta crecería de 4.000 a 13.000 (9.000 + 4.000). En este caso, no habrá pago de intereses y la rentabilidad financiera sería igual a 13.000/130.000 (los 90.000 originales más los 40.000 adicionales). Por tanto, la rentabilidad financiera seguiría siendo del 10 por 100.

Como usted podrá apreciar, en el escenario uno, donde la compañía A se endeudó en los 40.000 dólares adicionales y terminó con una rentabilidad sobre la inversión de 11,7 por 100, se produjo un resultado más favorable.

¡Alerta!

Deuda peligrosa. Mucha deuda puede someter a una compañía a excesivos riesgos. Durante los períodos de vaivenes económicos, estas empresas pueden encontrarse incapacitadas para pagar sus deudas. Sin embargo, por otra parte, no tener deuda o tener muy poca puede que tampoco sea algo deseable. Si una empresa puede endeudarse a la tasa de interés del 7 por 100 y gana 10 por 100 en sus inversiones, el endeudamiento incrementará su tasa de rentabilidad global. Se habrá producido el denominado «efecto apalancamiento».

Una forma de ayudarle para que usted determine si una compañía se ha puesto en una posición de riesgo es calcular dos índices: el de número de veces que se ganaron los intereses y el índice de pasivos totales a activos totales.

Para calcular el número de veces que se ganaron los intereses, divida los gastos por intereses entre el beneficio neto antes de gastos por intereses y del impuesto sobre sociedades.

Número de veces que se han ganado los intereses = Gastos por intereses / Beneficio neto acumulado antes de intereses e impuestos

Mientras mayor sea este índice, más fácil será para la compañía poder atender el pago de intereses y menor será la probabilidad de que incumpla el pago de sus préstamos.

Para calcular el índice de pasivos a activos, usted divide el total de pasivos entre el total de activos:

Índice de pasivos a activos = Total de pasivos / Total de activos

La idea es que mientras mayor sea el índice, más riesgo hay en la empresa. Por supuesto, una compañía que tenga un alto índice de pasivos a activos puede prosperar de la misma forma que una compañía sin ningún tipo de deudas puede fracasar. El índice de pasivos totales a activos totales, al igual que cualquier otro índice o razón, sólo le proporciona a usted una parte del cuadro total y debe ser analizado en conjunto con otros índices dentro de la compañía y con información externa a la entidad, como la industria a la que pertenece o la economía del entorno.

Información sobre dividendos

Puede obtenerse información adicional sobre una empresa revisando los datos de dividendos en efectivo pagados durante varios años anteriores y calculando la razón de pago de dividendos. Es decir, el importe total de dividendos en efectivo declarados durante cada año, dividido por el beneficio neto del año.

Razón de pago de dividendos = Dividendos declarados / Beneficio neto

Si el índice es alto, significa que la compañía está pagando a sus accionistas una proporción alta de los beneficios obtenidos y no los está reinvirtiendo en la compañía. Si este índice es pequeño, o si la compañía no paga dividendos por la razón que sea, la compañía puede estar creciendo rápidamente utilizando los fondos de sus dueños para financiar su crecimiento. ¿Qué es lo mejor? Esto se determina por completo según las propias necesidades o conveniencia de inversión personal, si usted es un accionista, o por las metas del negocio, si usted es parte de la administración.

En este capítulo usted ha aprendido cómo los estados financieros y diversos índices pueden ser utilizados para evaluar el éxito a largo plazo de un negocio, centrándonos exclusivamente en el estudio de la rentabilidad. En el capítulo 10, aprenderá a preparar y evaluar un presupuesto.

GLOSARIO DE TÉRMINOS

Beneficio neto como un porcentaje de las ventas. Es una herramienta financiera analítica calculada dividiendo el beneficio neto entre las ventas. Este índice debiera compararse con el de años anteriores, como también con las cifras del promedio de la industria, para determinar su valor para la administración de la compañía.

Número de veces que se han ganado los intereses. Es una herramienta financiera analítica de largo plazo que se calcula dividiendo el beneficio neto antes de impuestos entre el gasto de intereses. Mientras mayor sea este índice, más satisfechos estarán los prestamistas, puesto que el beneficio neto les ofrece una mayor cobertura sobre los intereses que la empresa les adeuda.

Razón de pago de dividendos. Es una herramienta financiera analítica de largo plazo que se calcula dividiendo los dividendos declarados entre el beneficio neto. Este índice es útil cuando se está analizando cuánto de los beneficios anuales ha sido distribuido entre los accionistas. Al igual que los otros índices, debe ser comparado con años anteriores y con otras compañías.

Rentabilidad financiera. La rentabilidad financiera viene definida por la utilidad obtenida por la empresa (beneficio) en relación con los recursos sacrificados por los socios (fondos propios).

Tasa de crecimiento de las ventas. Es una herramienta financiera analítica de largo plazo que mide el porcentaje de cambio en las ventas entre dos o más años. Generalmente, las empresas buscan que este índice vaya creciendo de año en año.

10. El sistema presupuestario de la empresa

- **¿Qué es un presupuesto?**
- **El presupuesto maestro.**
- **Presupuesto de ventas.**
- **Presupuesto de capital.**
- **Estado de resultados proyectado.**
- **Presupuesto de efectivo.**
- **Glosario de términos.**

¿Qué es un presupuesto?

El presupuesto es un plan detallado que traza las expectativas futuras de una entidad y las expresa en términos cuantitativos. En la contabilidad, los presupuestos pueden ser utilizados por una diversidad de razones. Usted puede utilizarlos para planificar y controlar sus futuros ingresos y gastos; o puede usar los presupuestos para los futuros desembolsos de capital, los que debieran mostrar cuándo la empresa planea comprar activos a largo plazo y de dónde provendrán los fondos para ello.

Planificación y control

Pero, ¿por qué debería Mauricio contar con un presupuesto para su negocio? La respuesta a esta pregunta es que Mauricio debe generar un presupuesto cada año con el propósito de **planificar** su compañía hacia el futuro y **controlar** los importes de dinero que está gastando.

Los términos «planificar» y «controlar» a menudo se usan como intercambiables en sentido contable, pero se trata en verdad de dos conceptos realmente distintos. Planificar es el proceso de idear acciones que permitan el logro de los objetivos futuros y la elaboración de presupuestos que permitan alcanzar esos objetivos. El control, por otra parte, involucra asegurar que los objetivos establecidos en la fase de planificación se logren. Un buen sistema presupuestario toma en cuenta tanto la planificación como el control. La frase «Planificar sin controlar no tiene sentido» refleja de forma absolutamente exacta esta idea básica de la administración.

Ventajas de presupuestar

Ya sea que un presupuesto se realice para uso personal o para un negocio, la mayor ventaja de utilizarlo es que confiere formalidad al proceso de planificación. Si el presupuesto involucra a otras personas, sirve también como un instrumento de comunicación con esas otras personas. Agreguemos que si en la elaboración de los presupuestos participan todas las personas que luego deberán llevar ese plan a la práctica, se producirá un positivo sentido de motivación entre los trabajadores.

Consejo rápido

Uso del presupuesto en su negocio. Con el uso de los ordenadores, el proceso de presupuestación se ha simplificado. Los presupuestos pueden ser implementados y mantenidos a un bajo costo. Adicionalmente, es fácil introducir cambios cuando se visualicen potenciales situaciones que pueden ocurrir. Esto permite al personal o a los administradores de la empresa tomar decisiones más fácilmente, basándose en los resultados que se espera lograr, aplicando para ello los elementos de control incorporados en los presupuestos.

Uno de los más importantes procesos dentro de una organización es coordinar e integrar los planes y las metas de los distintos departamentos o unidades existentes. Una vez que se ha formulado el presupuesto, sirve como *benchmarking* para evaluar luego los resultados reales.

Si no prepara presupuestos, Mauricio no sabrá de cuánto dinero podrá disponer la Zapatería Mauricio al final de cada mes, cuánto debe pedir en préstamo para la compra de activos de capital que se requieran para las necesidades del negocio, ni sabrá si los ingresos cubrirán o no los gastos. El proceso de elaborar el presupuesto será crítico para Mauricio en sus planes para el futuro. La mayoría de los negocios pequeños que van a la bancarrota lo hacen, no porque no ofrezcan un buen producto o servicio, sino porque no han hecho una buena planificación y de pronto se encuentran sin efectivo. Preparar un presupuesto puede ayudar a evitar un fin indeseado para las empresas.

El presupuesto maestro

El presupuesto maestro es un resumen de muchos presupuestos separados y que son interdependientes. Un ejemplo de esta red de presupuestos se exhibe en el cuadro 10.1. El presupuesto principal, que queda comprendido en el presupuesto maestro, será el foco de atención de este capítulo.

CUADRO 10.1

El presupuesto maestro

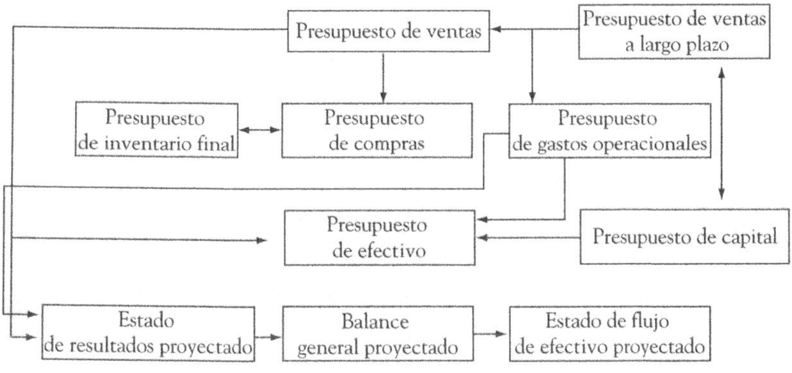

Presupuesto de ventas

Supongamos que Mauricio desea preparar un presupuesto maestro para su compañía Zapatería Mauricio para el año 2016. A fin de preparar este presupuesto, Mauricio deberá hacer una estimación de cuántas ventas generará durante ese año. Tal como se indica en el cuadro 10.1, si no se da este primer paso de crear un presupuesto de ventas, no es posible preparar ningún otro presupuesto.

Para calcular el importe de las ventas totales es necesario multiplicar el número de unidades de ventas esperado para cada producto por el precio de venta que se espera tener. Mauricio calcula que el importe total de ventas esperadas de zapatos nuevos será de 85.000 dólares (espera vender 1700 zapatos a un precio promedio de 50 dólares por zapato, con lo que 1700 zapatos por 50 = 85.000).

Además de las ventas normales de zapatos, la compañía ha venido incrementando los ingresos por concepto de reparaciones. Para el año 2016, los ingresos por reparaciones se han presupuestado en 9.500 dólares. Los gastos asociados con las reparaciones se estiman en 3.600 dólares.

Costo de los bienes vendidos e inventario final

El inventario final a 31 de diciembre de 2015 fue de 23.000 dólares (véase cuadro 3.2). Este inventario final corresponde exactamente a lo que será el inventario inicial de 1 de enero de 2016, por razones obvias.

Consejo rápido

Inventario y presupuesto. Determinar las necesidades de inventario no es un proceso fácil, pero es extremadamente importante para un negocio pequeño. El exceso de inventario que no ha sido posible vender puede deteriorarse o quedar obsoleto. Por otra parte, un déficit de inventario ocasionará pérdida de ventas debido a que el producto no está disponible, con lo que los clientes buscarán hacer negocios en otra parte. Para el propietario de un negocio pequeño, una planificación y un control cuidadosos son críticos para mantener los niveles apropiados de inventario.

Suponga que, en promedio, la compañía ha tenido un margen de utilidad bruta del 60 por 100. Dado que las ventas se han presupuestado en 85.000 dólares, la utilidad bruta es de 51.000 dólares (85.000 × 60%). Adicionalmente, suponga que, puesto que está creciendo, la compañía de zapatos determina que su inventario final debe crecer respecto de los años anteriores, en anticipación al crecimiento de las ventas futuras, de modo que Mauricio presupuesta un inventario final de 32.000 dólares para 2016.

A fin de que la compañía pueda obtener su inventario final de 32.000 dólares para 2016, debe comprarse inventario adicional. El importe que la compañía necesita comprar se calcula mediante la siguiente fórmula:

Inventario inicial

+ Compras

– Inventario final

= Costo de los bienes vendidos

En el caso de la compañía de zapatos, conocemos tres de los cuatro factores de la fórmula anterior:

Inventario inicial (corresponde al inventario final de 2015):

Véase cuadro 3.2, capítulo 3	23.000
+ Compras	???
– Inventario final	32.000
= Costo de los bienes vendidos	34.000

Pero, espere: ¿cómo sabemos cuánto es el costo de los bienes vendidos? Bien. Sabemos que las ventas presupuestadas son 85.000 dólares, ¿correcto? Sabemos también que el beneficio neto debe ser 51.000 dólares. Y, finalmente, sabemos que Ventas – Costo de los bienes vendidos = Beneficio bruto. De modo que: 85.000 – χ = 51.000, de donde χ = 34.000 dólares.

Completando el cálculo incompleto de más arriba, tenemos que las compras para 2016 deben ser de 43.000 dólares.

Gastos operacionales

Regresando al presupuesto maestro del cuadro 10.1, podemos ver que el presupuesto de ventas fluye directamente del presupuesto de gastos operacionales. Como se indica en el cuadro 4.1, estos gastos eran de 8.665 dólares (24,4 por 100 de las ventas para el año 2015). Una vez más, suponiendo que este porcentaje se mantiene relativamente constante y que para el año 2016 las ventas presupuestadas son de 85.000 dólares, los gastos operacionales deberían ser de 17.850 dólares (21 por 100 de 85.000).

Presupuesto de capital

El presupuesto de capital se refiere a aquellos ítems que tienen una vida útil superior a un año (los activos a largo plazo de la compañía). Para determinar si debe arrendarse o construirse espacio adicional, la compañía debe hacer un pronóstico de ventas a largo plazo. Suponiendo que el negocio está creciendo a una tasa relativamente constante, Mauricio ha predicho que dentro de dos años deberá comprar otro edificio a fin de satisfacer la producción y las ventas demandadas para la compañía. La investigación de construcciones que ha hecho Mauricio le indica que un edificio con espacio suficiente para los próximos cinco años tendría un costo de 48.000 dólares. Por tanto, decide formar su presupuesto de capital haciendo un ahorro mensual durante los próximos dos años (cuando se haga efectivamente la compra, dado que Mauricio no desea incurrir en ninguna deuda adicional tomando una hipoteca sobre este edificio) separando 2.000 dólares cada mes (48.000/24 meses). A fin de comprar el edificio dentro de dos años, deben separarse 2.000 dólares mensuales durante esos dos años (este cálculo supone que no habrá inflación durante los próximos dos años).

Con la información que se ha recogido hasta este punto, es posible ahora elaborar el presupuesto de efectivo, el estado de resultados proyectado, el balance general y el flujo de efectivo. Examinemos la información.

Estado de resultados proyectado

Utilizando los cálculos anteriores, Mauricio puede crear un estado de resultados proyectado tal como el que se muestra en el cuadro 10.2.

CUADRO 10.2

Zapatería Mauricio
Estado de resultados Proyectado
para el 31 de diciembre de 2016

Ventas	85.000
Costo de los bienes vendidos	34.000
Beneficio bruto	51.000

Gastos operacionales	17.850
Beneficio neto de las operaciones	33.150
Otros ingresos	
Ingresos por reparaciones	9.500
Otros gastos	
Gastos por reparaciones	3.600
Beneficio neto	39.050

¿Por qué la compañía Zapatería Mauricio necesita un estado de ingresos? Podría utilizarlo para llevarlo a un banco y solicitar un préstamo. También podría exhibirlo a potenciales socios que estén buscando información para futuros negocios comunes. Y, por supuesto, puede necesitarse para planear de qué forma se va a expandir en el futuro.

Presupuesto de efectivo

Lo que la compañía debe hacer a continuación es calcular cuánto efectivo tendrá al final del año que está siendo presupuestado. Mauricio necesita conocer este valor con el propósito de elaborar su balance general presupuestado, pero, lo que es más importante, para asegurarse de que dispondrá de suficiente dinero para pagar sus cuentas durante los períodos futuros y mantener su saldo de efectivo en un «nivel seguro».

Para calcular el saldo final de efectivo proyectado para 2016, necesitamos comenzar por conocer cuál es el saldo inicial de efectivo. Al igual que todos los inventarios iniciales, éste también es el mismo que el inventario final de 31 de diciembre del año 2015, puesto que la compañía inicia el año 2016 con lo que quedó al final del año 2015. Esta cifra es 17.385 dólares (véase cuadro 3.2). También es necesario hacer una serie de suposiciones. Se supuso que las ventas ascenderían a 85.000 dólares, más 9.500 dólares por concepto de reparaciones, lo que da un total de 94.500 dólares, pero también debe determinarse cuántas de estas ventas se harán en efectivo y cuántas corresponderán a ventas a crédito, que irán a cuentas por cobrar. En el pasado, el 75 por 100, tanto de la venta de zapatos como de los trabajos de reparaciones, ha sido pagado al contado, por lo que es creíble suponer que éste será también el porcentaje para el año 2016. Luego los ingresos de efectivo para el 2016 por concepto de ventas y reparaciones serán de 70.875 dólares (94.500 × 75%).

Asumiendo el mismo porcentaje que se aplicó con anterioridad (es decir, 75 por 100 al contado y el resto se hizo a crédito), el 25 por 100 que se adeudaba a la compañía de zapatos al 31 de diciembre de 2015 será recibido durante 2016. Esto, suponiendo que no haya cuentas que resulten incobrables (si hay cuentas que pueden resultar incobrables, entonces el importe estimado de esas cuentas incobrables será deducido de la cantidad a ser ingresada). Digámoslo una vez más: dado que las ventas y los trabajos de reparación totalizaron 39.500 dólares, el efectivo a ser ingresado en el año 2016 por estas ventas hechas el año 2015 sería de 9.837 dólares (39.350 × 25%).

Ahora necesitamos calcular los gastos a pagar en efectivo para el año 2016. El primer gasto es la compra de mercaderías. La regla general en la Zapatería Mauricio es que el 80 por 100 de las compras se pague en efectivo y que quede un 20 por 100 de deuda a pagar el año siguiente. El año 2015 la compañía de zapatos compró 23.000 dólares en zapatos (inventario) y el año 2016 se espera comprar zapatos por un total de 53.000 dólares. Por tanto, el desembolso en efectivo para el 2016 será de 47.000 dólares (20 por 100 de 23.000 dólares del año 2015, más 80 por 100 de 53.000 dólares, de 2016).

Continuando con este supuesto, el 80 por 100 de otros gastos de Zapatería Mauricio se paga en efectivo en el año en que se usan y el 20 por 100 restante se pide a crédito (cada compañía, basándose en su propia experiencia, dispondrá de sus propios datos históricos para guiarse en sus supuestos, con el propósito de preparar sus presupuestos, para lo que deben calcular esta proporción (80/20; 65/35, etc.). Los gastos operacionales para el año 2016 han sido presupuestados en 17.850 dólares. El año 2015 totalizaron 8.665 dólares (véase cuadro 4.1). Basándose en esta proporción de 80/20 de efectivo versus pago a cuenta de Zapatería Mauricio, sabemos que el desembolso de efectivo en 2016 debiera ser de 15.793 dólares. La suma de desembolsos para el año 2016 será de 17.859 dólares × 80 por 100, lo que da un total de 14.280 dólares, más el efectivo requerido para hacer frente a las cuentas por pagar por concepto de gastos operacionales que quedaron del año 2015 (7.565 dólares × 20 por 100 = 1.513).

Cada año debe hacerse un pago para los gastos por reparaciones. Todos estos gastos se hacen en el año en que se incurre en ellos. Luego, los 3.600 dólares por reparaciones del año 2016 se pagarán enteramente en el año 2016.

El último «gasto» en efectivo que la compañía de zapatos hará durante 2016 corresponde a los 2.000 dólares mensuales que la compañía separará para la futura compra de un edificio. Esta transacción en efectivo no es un gasto ni representa una disminución en el efectivo. Es, simplemente, efectivo que va de una cuenta bancaria a otra. La única razón de esta transacción es asegurarse de que el efectivo que se mantendrá operando en esa cuenta no se gastará de forma accidental antes de la adquisición del edificio.

Démosle una mirada al cuadro 10.3, para ver cómo podemos realmente calcular el saldo final en efectivo.

CUADRO 10.3

Zapatería Mauricio

Saldo inicial de efectivo	17.385
Más:	
Ingresos de efectivo por ventas de 2016	70.875
Ingresos de efectivo por ventas de 2015	9.387
Menos:	
Pagos en efectivo por compra de inventario de 2016	42.400
Pagos en efectivo por compra de inventario de 2015	4.600
Pagos en efectivo por gastos operacionales de 2016	14.280
Pagos en efectivo por gastos operacionales de 2015	1.513
Pagos en efectivo por gastos en reparaciones de 2016	3.600
Saldo final de efectivo	31.704
Nota al presupuesto de efectivo: De los 31.704 dólares del saldo final de efectivo, 24.000 dólares han sido depositados en una cuenta bancaria separada, para la futura compra de un edificio.	

Consejo rápido

La participación es la clave. El éxito o el fracaso de los presupuestos dentro de una organización es usualmente realzado por la participación de los administradores, quienes, en general, son los más aptos para satisfacer las metas que se han establecido y que ellos han ayudado a establecer. Recuérdese que la participación de todos los trabajadores es también altamente recomendable. Esto no implica que estos presupuestos no debieran estar sujetos a revisión por la alta gerencia; sin embargo, cualquier cambio que se introduzca debería hacerse con la intervención de las personas que tuvieron algún rol al elaborar el presupuesto.

El ejemplo que se ha presentado aquí corresponde a una empresa pequeña, la Zapatería Mauricio. Sin embargo, los mismos conceptos pueden aplicarse para la preparación de un presupuesto personal y lograr los mismos beneficios de él.

En este capítulo usted ha aprendido el significado de presupuesto, el valor de elaborarlo y utilizarlo y las formas en las cuales se interrelacionan sus componentes. En el capítulo 11 descubrirá quiénes son los auditores, qué tipo de informes emiten y por qué estos informes son útiles para usted.

GLOSARIO DE TÉRMINOS

Control. Implica asegurar que los objetivos establecidos durante la fase de planificación serán alcanzados. Por ejemplo, una vez que se haya determinado que la cantidad de dinero que se necesitará al final del año será, digamos, 40.000 dólares, a lo largo de todo el año deben controlarse las necesidades de la cuenta de efectivo, mediante una revisión cuidadosa del presupuesto, y deberán tomarse las medidas que aseguren que el saldo propuesto será logrado.

Planificación. Consiste en el desarrollo de objetivos futuros y la preparación de los presupuestos que permitirán el logro de tales objetivos. Sin un presupuesto no hay planificación y las empresas que intentan operar sus negocios sin contar con este tipo de planificación basan su éxito futuro en el azar.

Presupuesto. Es un plan detallado que describe futuras expectativas en términos cuantitativos. El propósito principal de un presupuesto es planear hacia el futuro y controlar las operaciones de las empresas. El presupuesto es preparado sobre una base de continuidad y debe ser ajustado de forma permanente con la adquisición de información adicional. El resultado será presupuestos cada vez más precisos.

Presupuesto de capital. Es un presupuesto destinado a planear la dotación de los futuros activos a largo plazo. Este presupuesto no sólo ayuda a determinar las necesidades de futuros activos de capital (largo plazo) requeridos para el negocio, sino que ayuda también a determinar cuánto dinero debe reservarse cada mes o cuatrimestre para adquirir nuevos activos en el futuro.

Presupuesto maestro. Es un presupuesto compuesto de un conjunto de presupuestos separados y que son interdependientes. El presupuesto maestro se inicia con el presupuesto de ventas. Una vez que se haya estimado de qué importe deberán ser las ventas, se deben elaborar todos los demás presupuestos (inventarios, compras, efectivo y gastos).

11. Auditorías y auditores

- **¿Qué es una auditoría?**
- **Tipos de auditoría.**
- **El auditor de cuentas anuales.**
- **Auditores internos.**
- **Auditores públicos.**
- **El informe de auditoría.**
- **Glosario de términos.**

¿Qué es una auditoría?

Una de las reglas emitidas por la Comision de Intercambio de Valores Negociales exige que los estados financieros de las empresas públicas (aquellas empresas que emiten activos para su uso público) sean examinados por un contable público independiente a través de un proceso de auditoría. Esta regla viene a establecer que un contable, que no es empleado de la empresa y que está autorizado a realizar su actividad como contable público por el estado donde se preparan los estados financieros, debe examinar los registros de la empresa y determinar si los estados financieros están o no de acuerdo con las de los Principios Contables Generalmente Aceptados (PCGA). Además, el auditor tiene la responsabilidad de ofrecer garantías razonables de la ausencia de anomalías significativas en los estados financieros.

La Asociación Estadounidense de Contabilidad (AAA, en su acrónimo en inglés) define a la auditoría como «un proceso sistemático para obtener y evaluar evidencia objetiva de la veracidad acerca de los actos y eventos económicos, para asegurar el grado de correspondencia entre esa evidencia, los criterios establecidos y la comunicación de los resultados a los usuarios interesados» (tomado del Comité de la Asociación Estadounidense de Contabilidad, Conceptos Básicos de Auditoría, Declaración de Conceptos Básicos de Auditoría; Sarasota, Florida, Asociación Estadounidense de Contabilidad, 1973).

Cuando los auditores emiten sus informes deben seguir el conjunto de reglas que se conocen como Normas de Auditoría Generalmente Aceptadas (NAGAS). Estas normas se integran por: 1) las diez Normas de Auditoría Generalmente Aceptadas, 2) La Declaración de Normas sobre Auditoría (SASs), y 3) las Interpretaciones de estas normas.

Estas normas se encuentran bajo la jurisdicción el Instituto Americano de Contadores Públicos Certificados (AICPA) y el Comité de Normas de Auditoría (ASB). Con la promulgación de la ley Sabanés Oxley del 2002, el Congreso ha asumido ahora la responsabilidad de crear normas para las empresas públicas y ha creado, con este propósito, el Consejo para la Supervisión Contable de las Empresas Públicas (PCAOB). A este consejo se le atribuye una responsabilidad adicional que consiste en garantizar la calidad de las auditorías y que la actividad del auditor responda a las expectativas del público. Además de las normas de auditoría, los contables públicos certificados (CPAs) deben someterse a un Código Ético aprobado por el Instituto Americano de Contadores Públicos Certificados. La adhesión a este código de conducta garantiza la independencia del auditor que es el requisito más valorado en un auditor (el tema del comportamiento ético se tratará al final del capítulo 12).

El informe estándar del auditor (conocido como el informe sin reservas) es emitido cuando los estados financieros están de acuerdo con los PCGA. Este informe es redactado y emitido por los auditores y es presentado al público con los estados financieros.

> **¡Alerta!**
>
> Rcuerda que los estados financieros son preparados por y bajo la responsabilidad de la administración de la empresa y nunca por o bajo la responsabilidad de los auditores. Tras los grandes francasos de los años 1990 y principios del 2000, la ley Sabanés Oxley de 2002 ha venido a exigir que la administración firme una declaración donde constate que los estados financieros son realmente presentados de acuerdo con los Principios Contables Generalmente Aceptados, al igual que deben hacer los auditores.

Contabilidad *versus* auditoría

Tal como lo hemos discutido en los capítulos anteriores, la contabilidad se podría definir como el proceso de registro, clasificación y síntesis de los eventos económicos de una empresa, en un proceso que conduce a la preparación de los estados financieros.

La auditoría, por otra parte, no se preocupa de la elaboración de la información contable, sino de su verificación, análisis, evaluación para determinar si está adecuadamente preparada de acuerdo con las normas de Contabilidad (PCGA) y si es que estos estados reflejan o no de manera apropiada los eventos ocurridos durante el período en cuestión.

Tipos de auditoría

Un(a) auditor(a) es una persona (física o jurídica) que revisa la exactitud e imparcialidad de los registros contables de una empresa y determina si sus estados financieros han sido preparados de acuerdo con los principios de contabilidad generalmente aceptados.

Según el ámbito de actuación, podemos hablar, entre otras, de auditoría de las cuentas anuales de empresas (el objetivo de este capítulo), auditoría pública (estatal, regional, local) y auditoría interna (que si bien no es el objeto de este capítulo, sí está relacionada con la auditoría de estados financieros). A continuación presentaremos una pequeña descripción de estos tres tipos de auditores.

El auditor de cuentas anuales

Son auditores que sirven las necesidades del público en general, aportando servicios de auditoría a las empresas. Pueden trabajar como profesionales independientes o como empleados dependientes de alguna entidad. Estas empresas pueden ser tan pequeñas como las de un solo propietario o empresas que pueden tener miles de trabajadores.

Las más grandes firmas de auditoría, denominadas las *cuatro grandes,* tienen oficinas en todo el mundo. Aun cuando en Estados Unidos estas empresas ocupan no más de un 12 por 100 de todos los auditores contables de empresas, en realidad llevan a cabo alrededor del 80 por 100 de las auditorías de las más grandes corporaciones del mundo. Estas cuatro compañías son Deloite & Touch, KPMG, Ernst & Young y PricewaterhouseCoopers.

Auditores internos

Los auditores internos son profesionales contratados por empresas para auditar los registros de su propia compañía y para establecer los sistemas de control interno. Hay otras ocasiones en que forman parte de la propia empresa, como personal vinculado a la misma, integrándose en un departamento al cual se le suele denominar de auditoría interna.

Las funciones de estos auditores varían grandemente, dependiendo de las necesidades y expectativas de la administración. En general, su labor incluye dar cumplimiento a las auditorías (asegurarse de que la contabilidad se lleve de acuerdo con las reglas de la compañía y las leyes que le son aplicables) y llevar a cabo la auditoría operacional (una revisión de los procedimientos operacionales de la empresa para lograr eficiencia y efectividad). La auditoría operacional revisa la eficiencia en el uso de los recursos de la empresa. Se supone que ello ayuda a la administración a tomar decisiones que harán que la empresa sea más rentable.

Al igual que los auditores de cuentas anuales de empresas privadas, muchos auditores internos también reciben sus diplomas o certificaciones especializadas después de aprobar el correspondiente examen. Este examen está destinado a certificar a los auditores internos y es preparado por el Instituto de Auditores Internos.

El *Certified Internal Auditor,* CIA es la única certificación profesional reconocida mundialmente que avala la capacidad y la profesionalidad del auditor interno en el desempeño de su trabajo en el campo de la auditoría interna. El CIA es el mejor camino para desarrollar los conocimientos, técnicas y habilidades necesarias para obtener un adecuado desarrollo profesional.

Durante la auditoría de una compañía, los auditores internos trabajan muy estrechamente con los auditores de estados contables que se haya contratado para que lleven a cabo la auditoría externa, a fin de reducir el tiempo que estos auditores externos pasen en la empresa. Dependiendo del tamaño del equipo de auditoría interna y de su independencia dentro de la empresa, puede que se les pida llevar a cabo muchas tareas que, de otra forma, deberían ser desarrolladas por los auditores externos. El auditor externo, de todas formas, tendrá la responsabilidad última de determinar si los estados financieros se han elaborado de acuerdo a los principios de contabilidad generalmente aceptados, y son ellos quienes firman los estados financieros que se llevarán a conocimiento público. El empleo de auditores internos está destinado a reducir el número de procedimientos detallados que, en caso contrario, tendrían que ser llevados a cabo por los auditores externos.

Auditores públicos

Como se puede intuir de su propio nombre, un auditor público es una persona física que desarrolla su función dentro o en representación de una organización gubernamental. Al igual que los otros dos tipos de auditores descritos previamente, estos profesionales deben ser independientes de las personas o grupos a los que auditan.

Se pueden citar los siguientes ejemplos de organizaciones gubernamentales que contratan y requieren los servicios de auditores: 1) la Oficina General de Contabilidad de los Estados Unidos o *U.S. General Accounting Office* (GAO), cuya función principal es realizar auditorías para el Congreso; 2) el Servicio de Impuestos Internos o *Internal Revenue Service* (IRS), que contrata auditores para garantizar el cumplimiento de las leyes fiscales federales redactadas por el Congreso e interpretadas por los tribunales; 3) la Agencia de Alcohol, Tabaco, Armas de Fuego y Explosivos o *Bureau of Alcohol, Tobacco, and Firearms* (ATF); 4) la

Administración para el Control de Drogas o *Drug Enforcement Agency* (DEA); y 5) la Oficina Federal de Investigación o the *Federal Bureau of Investigation* (FBI), al igual que los gobiernos locales y estatal. En lugar de someterse a los PCGA, las auditorías públicas se realizan de acuerdo con un conjunto de reglas aprobadas por el Consejo de Normas de Contabilidad Gubernamental (GASB).

Ejemplo de una opinión de auditoría estándar

El documento más común emitido por los auditores como parte de su informe es la opinión de auditoría sin salvedades. Ésta se emite bajo las siguientes condiciones:

1. Todos los estados financieros han sido examindos por el auditor.
2. Se ha determinado que los estados financieros fueron preparados de acuerdo con los Principios de Contabilidad Generalmente Aceptados.
3. El auditor ha reunido suficiente evidencia, en cantidad y calidad, para emitir una opinión sobre estos estados.
4. El auditor es independiente de la empresa que esta siendo auditada.
5. El auditor ha seguido las normas de auditoría denominadas Normas de Auditoría Generalmente Aceptadas (GAAS).

Las Normas de Auditoría Generalmente Aceptadas que los auditores deben cumplir se detallan en las reglas de la profesión, en un conjunto de estándares que están en constante cambio. Las reglas de auditoría provienen de dos fuentes distintas: el AICPA y la SEC. Dado el continuo cambio de las normas, se pone de manifiesto cómo ambas entidades se complementan y se apoyan mutuamente para asegurarse de que los estados financieros emitidos para uso público presenten información útil que sea relevante, fiable, comprensible y suficiente para su uso en la toma de decisiones en las empresas y en sus administraciones. Cuando se reúnen todas estas condiciones, se emite un informe como el que se expone en el cuadro 11.1 que se presenta a continuación. Nótese que el informe es emitido sobre una base comparativa y, por tanto, la administración de la empresa debe incorporar los estados financieros de los dos últimos años.

El informe consta de tres segmentos básicos: 1) El párrafo de introducción; 2) el párrafo de ámbito de la auditoría, 3) el párrafo de opinión.

CUADRO 11.1

Opinión de Auditoría sin salvedades
Empresa de auditoría JHM, S. A.

Sociedad Las Brisas
Avenida Peter Hamilton, 63
Nueva York

Informe de la firma JHM, S. A.
Para: Consejo Directivo y Accionistas, Sociedad Las Brisas

Hemos auditado los balances generales que se adjuntan de la Sociedad Las Brisas al 31 de diciembre de 2014 y de 2015 y sus correspondientes estados de balances, resultados, cambios en el patrimonio neto y de flujos de efectivo al final de los años señalados. Estos estados financieros son responsabilidad de la administración de la compañía. Nuestra responsabilidad es expresar una opinión sobre estos estados financieros, basándonos en nuestra auditoría.

Hemos llevado a cabo nuestra auditoría de acuerdo con las Normas de Auditoría Generalmente Aceptadas. Estas normas requieren que planifiquemos y desarrollemos la auditoría para obtener una evidencia razonable, en cantidad y calidad, en cuanto a que los estados financieros estén libres de errores e irregularidades de importancia. Una auditoría incluye examinar, sobre la base de pruebas, la evidencia de apoyo a las cifras y a la presentación de los estados financieros. Una auditoría incluye también la evaluación de los principios contables utilizados y de las estimaciones significativas hechas por la administración, como también la evaluación de la presentación general de los estados financieros. Creemos que nuestra auditoría provee una base razonable para nuestra opinión.

En nuestra opinión, los estados financieros a los que nos hemos referido con anterioridad reflejan correctamente, en todos los aspectos de relevancia, la posición financiera de la Compañía Las Brisas a 31 de diciembre de 2014 y de 2015, y los resultados de sus operaciones y sus flujos de efectivo para los años terminados en las fechas señaladas; todo ello de conformidad con los Principios de Contabilidad Generalmente Aceptados.

Empresa de auditoría JHM, S. A.

Nueva York, Estados Unidos

17 de marzo de 2016

En este punto, se remite al lector al apéndice B donde aparece la opinión de auditoría del informe anual de la empresa Coca-cola

Las partes del informe

El informe estándar de auditoría consta de siete partes (véase el cuadro 11.2.).

CUADRO 11.2

Informe estándar de auditoría

1. Título del informe: «Informe del auditor independiente».
2. Destinatario del informe de auditoría: «A los accionistas...».
3. Párrafo introductorio: «Hemos auditado...».
4. Párrafo de ámbito: «Hemos llevado a cabo nuestra auditoría...».
5. Párrafo de opinión: «En nuestra opinión...».
6. Firma del auditor: «Empresa de auditoría JHM, S. A.».
7. Fecha del informe de auditoría: «17 de marzo de 2016».

Esta fecha representa el momento en que se completó la auditoría, no la fecha en que se emitió el informe. Dependiendo de la magnitud de la compañía que está siendo auditada, la revisión de evidencia puede tardar dos o tres meses.

La redacción de este informe puede variar ligeramente de un auditor a otro; sin embargo, el conjunto de la estructura y su contenido es el mismo.

Otros tipos de informes de auditoría

A continuación se expone una breve descripción de los tres tipos de informes de auditoría que usted puede encontrar cuando revise los estados financieros y con los que debería familiarizarse.

Un informe con salvedades se emite cuando el auditor concluye que los estados financieros se han presentado conforme a los PCGA, salvo en algunos aspectos concretos. Un ejemplo de la discordancia entre el contenido de los estados financieros y los PCGA es no utilizar el coste histórico (uno de los Principios Contables Generalmente Aceptados) para presentar los activos y aplicar, en su lugar, el coste de reposición. Con este método, los activos son valorados conforme al coste que supone reponerlos, en lugar de ser valorados según el coste que suspuso su compra para la empresa. Aunque este método está prohibido actualmente en los Estados Unidos, está permitido por las Normas Internacionales de Contabilidad y es utilizado en otros países.

Un informe desfavorable es emitido por auditores cuando ellos concluyen que los estados financieros no se reflejan una imagen fiel del patrimonio, de la situación financiera, del resultado de las operaciones o de los cambios en la situación financiera de la entidad auditada de conformidad con los Principios Contables Generalmente Aceptados (PCGA)

Un informe sin opinión (opinión denegada) supone que el auditor no ha conseguido elementos de juicio suficientes para determinar si los estados financieros cumplen con las reglas contables. Los auditores también emitirán este tipo de informe cuando no haya sido garantizada su independencia respecto de la empresa auditada.

¿Por qué las auditorías son útiles para ti?

En la medida en que los negocios se han hecho cada vez más internacionales y más complejos, también lo han hecho los informes financieros que emiten las empresas. La información aportada y las reglas que rigen su presentación se han multiplicado en cantidad y en complejidad durante los últimos veinte años. En la actualidad, se está haciendo cada vez más difícil para las personas no contables comprender estas presentaciones en su totalidad. El informe sobre los estados financieros de la empresa que aporta el auditor ofrece al lector y al usuario de dichos estados financieros la seguridad de que esta información cumple con un conjunto de reglas contables (PCGA) y de que ha sido revisada por un auditor independiente de la administración de la entidad.

Por regla general, el recurso a un auditor independiente garantiza al usuario que la información contenida en los estados financieros de una empresa estará exenta de errores siginificativos y de datos fraudulentos. Esta garantía ayuda al usuario a la hora de tomar decisiones de análisis y de inversión relativas a la empresa auditada.

Otros servicios proporcionados por los auditores

Además de las auditorías, los contables públicos certificados (CPAs) realizan muchos otros tipos de servicios contables y de garantía, incluyendo la presentación de información histórica financiera y la presentación de información no histórica.

Como ejemplos de presentación de información histórica se nombran los siguientes:

Informes especiales

Los informes especiales emitidos por los CPA (contables públicos certificados) pueden ser aquellos que presentan los estados financieros con arreglo al principio de contabilidad de caja o aquellos informes dirigidos a terceras partes mostrando que la empresa cumple con ciertos contratos, como los arrendamientos.

Estados financieros preparados para su uso en otros países

Si un contable público certificado va a preparar estados financieros que serán utilizados en otros países, éste deberá conocer las normas de contabilidad y de auditoría utilizadas en ese país.

Estados financieros personales

Los políticos y los particulares que utilizan su patrimonio personal para comprar empresas, a menudo requieren de un CPA para auditar sus estados financieros para presentaciones dirigidas a terceras partes.

Revisiones de la información financiera intermedia

Se exige a las empresas públicas que presenten trimestralmente a la SEC información financiera. A diferencia de los estados financieros anuales (presentados en el formulario del 10-K), la información trimestral no es auditada sino, más bien, revisada. El objetivo de la revisión es proporcionar una base informativa al CPA para comunicar sobre alguna modificación o error significativos en los estados intermedios.

Esta revisión debe incluir:

- Un estado relativo a la conformidad o disconformidad de los estados financieros con los PCGA.
- Cualquier otra circunstancia anómala que afecte a los estados financieros trimestrales.
- Cualquier acontecimiento de relevancia que haya tenido lugar en un momento próximo al término o posteriormente al término del período de tiempo en el que se realiza la revisión.
- Si la administración o los empleados tienen constancia de alguna situación fraudulenta que pudiera afectar a los estados financieros.

Recopilación de los estados financieros

La recopilación supone la preparación de estados financieros a partir de los registros contables y otros datos de la administración. Con el fin de realizar la recopilación, un contable público certificado debe tener suficiente conocimiento sobre el negocio o la industria del cliente. Como mínimo, el CPA debe leer los estados con el fin de detectar cualquier error significativo o cualquier disconformidad relevante con los Principios Contables Generalmente Aceptados.

En este capítulo usted ha aprendido acerca de la importancia de las auditorías y de otros tipos de informes emitidos por los contables públicos certificados (CPAs). En el capítulo 12, usted comprenderá en qué medida el fraude y la ética afectan, no solamente a la profesión contable en concreto, sino al ámbito empresarial en su conjunto, incluida la pequeña empresa.

GLOSARIO DE TÉRMINOS

Informe desfavorable: Tipo de informe emitido por una firma de auditoría al término de la misma. Este tipo de informe es emitido cuando el CPA concluye que los estados financieros auditados no cumplen los Principios Contables Generalmente Aceptados.

Auditoría: La recopilación y el examen de las pruebas sobre los estados financieros de una empresa con el fin de determinar si están de acuerdo con los PCGA.

Opinión de auditoría: Tipo de informe emitido por una firma de auditoría al término de la misma. Este tipo de informe es emitido cuando el CPA concluye que los estados financieros auditados cumplen con los PCGA.

Auditor: Persona física cuya función es la de comprobar la exactitud y la atenticidad de los registros contables de una empresa, además de emitir un informe que determine si los registros financieros de la empresa cumplen con los PCGA.

Las *cuatro grandes* firmas de contabiliad ("Big Four "Accounting Firms): Las cuatro firmas de auditoría más grandes a nivel internacional y que cuentan con oficinas en todo el mundo. Estas cuatro firmas (PricewaterhouseCoopers, KPMG, Deloitt & Touche, y Ernst & Young) realizan las auditorías de la mayor parte de las empresas más grandes del mundo.

Contable público certificado (CPA): Auditor que está al servicio del interés público. Estas personas han tenido que pasar un examen y poseen, en la muchos casos, 150 horas de créditos universitarios. Además, han trabajado con otro CPA durante un período mínimo de dos años y han recibido una formación continua obligatoria de 20 a 40 horas cada año. Su trabajo incluye la preparación y planificación de impuestos y el asesoramiento de empresas.

Código Ético: Conjunto de reglas aprobadas por el Instituto Americano de Contadores Públicos Certificados a las que se someten todos los CPA en el ejercicio de su actividad.

Recopilación: La preparación de estados financieros a partir de los registros contables y otra información proporcionada por la adminstración. Un informe sobre estos estados puede ser emitido en el caso de que el CPA crea que una tercera parte va a utilizar esta información.

Auditoría de conformidad: Un auditor que asegura la conformidad de la contabilidad con las reglas establecidas. En la mayoría de los casos, estas auditorías son gubernamentales, mediante las cuales se determina si los estados financieros cumplen con la normativa del gobierno. Sin embargo, estas auditorías también pueden ser utilizadas en otros ámbitos como, por ejemplo, para determinar la conformidad de los estados financieros con ciertos requisitos bancarios que permitan a la empresa recibir o mantener un arrendamiento.

Informe de conformidad: Informe que garantiza que la contabiliad cumple con las reglas establecidas. En la mayoría de los casos, estas auditorías son gubernamentales, mediante las cuales se determina si los estados financieros cumplen con la normativa del gobierno. Sin embargo, pueden ser utilizadas también en otros ámbitos.

Informe de auditoría sin opinión (o con opinión denegada): Tipo de informe emitido por una firma de auditoría al término de la misma. Este tipo de informe es emitido cuando el CPA no ha conseguido elementos de juicio suficientes para formarse una opinión sobre la conformidad de los estados financieros con las reglas contables.

Normas de Auditoría Generalmente Aceptadas (NAGAS): Conjunto de normas establecidas por la AICPA y la SEC.

Consejo de Normas de Contabilidad Gubernamental: Organismo que emite otro conjunto de reglas diferentes a los PCGA y que deben respetar los contables públicos.

Auditores públicos. Los auditores públicos externos son personas que desarrollan funciones dentro o en representación de organizaciones gubernamentales, tales como la Oficina General de Contabilidad de los Estados Unidos o *U.S. General Accounting Office* (GAO), el Servicio de Impuestos Internos o *Internal Revenue Service* (IRS), *Securities and Exchange Commission* o Comisión de Intercambio de Valores Negociables (SEC), la Agencia de Alcohol, Tabaco, Armas de Fuego y Explosivos o *Bureau of Alcohol, Tobacco, and Firearms* (ATF), la Administración para el Control de Drogas o *Drug Enforcement Agency* (DEA), y la Oficina Federal de Investigación o the *Federal Bureau of Investigation* (FBI), al igual que los gobiernos locales y estatal. En lugar de someterse a los PCGA, las auditorías públicas se realizan de acuerdo con un conjunto de reglas aprobadas por el Consejo de Normas de Contabilidad Gubernamental (GASB).

Auditores internos: Los auditores internos son profesionales contratados por empresas para auditar los registros de su propia compañía y para establecer los sistemas de control interno. Estos profesionales no tienen que ser necesariamente contables públicos certificados, pero muchos de ellos son auditores internos certificados (CIA). Con el fin de asegurar su autonomía, deben informar directamente al comité de auditoría o la junta directiva de la empresa en lugar de dirigirse a la administración de la misma.

Auditoría operacional: una revisión de los procedimientos operacionales de la empresa para la lograr eficiencia y la efectividad de los obejtivos empresariales y de acuerdo con la política de la empresa. El objetivo de este tipo de auditoría es aliviar a los administradores en el ejercicio de sus responsabilidades y maximizar la rentabilidad.

Consejo para la Supervisión Contable de las Empresas Públicas (PCAOB): Creado por el Congreso a raíz de la ley Sarbanés Oxley del 2002. Su misión es la de crear normas de contabiliad para las empresas públicas. Al PCAOB se le atribuye la responsabilidad adicional de garantizar que la calidad de la auditoría no se vea comprometida y que la actuación del auditor responda a las expectativas del público.

Informe con salvedades: Tipo de informe emitido por una firma de auditoría al término de la misma. Este tipo de informe es emitido cuando el CPA concluye que los estados financieros auditados cumplen con los PCGA, sin embargo considera que existen algunos elementos con efecto significativo como, por ejemplo, el uso de un tipo de evaluación de inventario no estandarizado.

Revisión: El objetivo de la revisión es proporcionar una base informativa al CPA para comunicar sobre alguna modificación o error significativos en los estados intermedios.

Ley Sarbanés Oxley del 2002: Ley aprobada por el Congreso para incluir un conjunto de reformas destinadas a: endurecer las penas por fraude empresarial, limitar ciertos tipos de servicios de asesoramiento para las empresas auditadas y crear el Consejo para la Supervisión Contable de las Empresas Públicas (PCAOB).

12. Fraude y Ética

- **Definición de fraude**
- **Qué causa el fraude**
- **Cómo se comete el fraude**
- **Qué es la ética**

Definición del fraude

Hay que diferenciar entre fraude y malversación de fondos. El fraude se define como un engaño o una manipulación intencionada de datos financieros para el beneficio propio de un individuo, que a menudo es un empleado de confianza. Por otro lado, la malversación se define como el hecho de sustraer los fondos o propiedades de un contratante, empresa o gobierno, o el desvío de dinero o activos mantenidos en fideicomiso.

Según la Association of Certified Fraud Examiners (ACFE), en Estados Unidos, las pérdidas en que se incurre por fraude en las empresas pequeñas son 100 veces superiores a las ocasionadas en las empresas grandes, con lo que sin duda los pequeños negocios siguen sufriendo pérdidas desproporcionadas consecuencia de este hecho.

¿Qué causa el fraude?

El incremento de los casos de fraude en los últimos años puede deberse posiblemente a la crisis económica en la que estamos inmersos o por circunstancias personales específicas que hace que haya más personas con la intención de robar.

Dos tipos de fraude que tienen un impacto significativo en las empresas son el fraude directivo y el fraude del empleado. Normalmente el fraude directivo no beneficia directamente a la persona que lo lleva a cabo, ya que a menudo se realiza para mejorar la imagen de la empresa de cara a los usuarios de la información contable.

En la literatura contable, los elementos básicos del fraude han sido descritos como el denominado "Triángulo del fraude" (véase la figura 12.1):

Figura 12.1

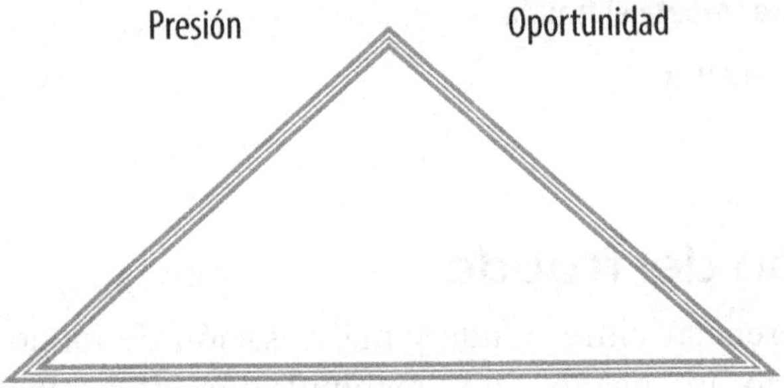

Las razones que llevan a una persona a cometer fraude están identificadas en este triángulo.

En primer lugar, existe una presión para cometer fraude; esta presión es muy habitual en situaciones de crisis económica.

En segundo lugar tiene que darse la oportunidad de que una persona tenga acceso a los activos físicos o a los documentos contables de la empresa para poder sustraerlos. Tener empleados de poca confianza es una de las razones por la cual el fraude ocurre y es más frecuente y grave en las empresas pequeñas; en un negocio pequeño, a menudo se le da más responsabilidad y autoridad a los empleados porque no existen los recursos financieros para contratar a más personas y así repartir las mismas; dicha situación lleva a la falta de delimitación de responsabilidades, mecanismo de control muy importante.

Por último, existe una racionalización, siendo éste un estado de ánimo que permite a la persona llevar a cabo el fraude.

¿Cómo se comete el fraude?

Muchos empresarios no son conscientes del riesgo de fraude que existe en sus empresas. Como resultado no saben monitorizar bien los riesgos y por tanto se comete fraude de manera significativa y nunca se detecta.

Existen diferentes tipos de fraude que los empresarios deben conocer. Entre ellos se incluyen la malversación de fondos (seguramente, lo más común) y el robo de activos (inventario, suministros u otros). A menudo los empleados participan en el cobro de comisiones ilegales o la falsificación de cheques sin autorización. Otras formas típicas son la creación de facturas falsas, el mal uso de las tarjetas de crédito de la empresa, el robo de efectivo, la manipulación de la información financiera y el acceso fraudulento a las cuentas bancarias.

¡Alerta!

Si nos ceñimos a los últimos informes publicados por la ACFE en sus Informes anuales sobre el fraude, casi la mitad (46%) de la totalidad del fraude cometido dentro de las empresas pequeñas se descubre por avisos de otros empleados, siendo el desglose el siguiente:

Un 20% del fraude se detecta por error.

Otro 20% se detecta por los auditores internos de la empresa (muchas empresas pequeñas no tienen este tipo de auditores).

Otro 23% del fraude se descubre por un sistema eficaz de control interno (se debería trabajar con los auditores para implementarlo).

Un 9% del fraude se descubre por los auditores externos.

(Estos porcentajes no suman el 100% porque algunos de los participantes indican más de un método para descubrir el fraude)

¿Qué es la ética?

La mayoría de las personas en el entorno empresarial – ya sea el propietario de un pequeño negocio, un empleado o el presidente ejecutivo de una empresa multinacional – en algún momento de su carrera tienen que enfrentarse a algún dilema ética o moral.

El numero de empresas que participan en programas de formación sobre ética y responsabilidad social se ha incrementado de forma considerable en los últimos veinte años. Sin embargo, a pesar de este incremento en la atención dedicada al comportamiento ético en las empresas se detecta la presencia considerable de fraude, y el énfasis se pone en el resultado más que en el desarrollo de una estrategia empresarial a largo plazo.

A menudo, las decisiones tomadas por los empleados en relación al tema de la ética tienen influencia sobre un número reducido de personas, normalmente sobre sus compañeros o sus jefes. Sin embargo, las decisiones tomadas por los empresarios a menudo tienen impacto en la comunidad y posiblemente en el mundo si así fuere.

El comportamiento ético en tu negocio debe comenzar desde el escalón superior. Como parte de una conformidad mayor con los programas de ética muchas empresas han implantado un código de ética.

Para tener éxito, estos códigos deben incluir como mínimo los siguientes puntos:

- Recibir el apoyo incondicional de la alta dirección.
- Ser monitorizados por la alta dirección.
- Ser comunicados por escrito y oralmente.
- Ser viables.
- Indicar de forma clara las consecuencias en caso de desobediencia.
- Ser neutrales.

Algunas empresas exigen que los empleados firmen un acuerdo indicando su conformidad con el código de conducta.

Es probable que exista algún caso de fraude en cada organización y puede ser imposible eliminarlo en su totalidad. Sin embargo, puedes reducir el riesgo.

GLOSARIO DE TÉRMINOS

Código de ética: un conjunto de estándares establecidos por la empresa para guiar a los empleados en la toma de decisiones éticas.

Malversación: el hecho de sustraer los fondos o propiedades de un contratante, empresa o gobierno, o el desvío de dinero o activos mantenidos en fideicomiso.

Fraude del empleado: se trata normalmente del robo de activos que pertenecen a la empresa, por parte de un empleado.

Ética: la habilidad de tomar la decisión correcta cuando existe una presión para hacer lo contrario.

Fraude: un engaño o una manipulación intencionada de datos financieros para el beneficio propio de un individuo, que a menudo es un empleado de confianza.

Detección de un fraude: las maneras a través de las cuales se descubre el fraude dentro de una organización. Los auditores internos y externos son de gran importancia en el proceso de detección.

Triangulo del fraude: describe las razones básicas por las que se comete fraude como la oportunidad, la racionalización y la presión.

A. Internet para contadores

- **¿Qué recursos están disponibles en Internet para los contadores?**

¿Qué recursos están disponibles en Internet para los contadores?

La cantidad de información disponible para los contadores y otros profesionales en el mundo de los negocios continúa creciendo cada día. En el pasado, el acceso a la información era extremadamente agotador y consumidor de tiempo, pero la aparición de los ordenadores e Internet ha puesto abundancia de información al alcance de su mano.

Internet ha cambiado también la forma en la cual los contadores y los auditores hacen su trabajo. Los informes financieros, los sistemas de información financiera, la contabilidad tributaria y la contabilidad forense, todas han cambiado para bien gracias a Internet-. Si algún profesional contable no entiende la fuerza de Internet, está en riesgo de perder la riqueza de la información que está a su dis-posición.

El listado de más abajo es sólo parcial y no cubre todos los tópicos de interés para los contadores. Sin embargo, parte de la diversión de estar en Internet es «navegar en la web» para encontrar los links que sean más interesantes para usted y para sus intereses particulares. Aquí le presentamos algunos sitios para que tenga un punto de partida:

El Instituto Estadounidense de Contables Públicos Certificados (AICPA)

http://www.aicpa.org/index.htm

La Asociación Estadounidense de Contabilidad (AAA)

http://www.aaahq.or

El Comité de Normas de Contabilidad Financiera (FASB)

http://www.fasb.org

El Internal Revenue Service (IRS)

http://www.irs.ustreas.gov

El Comité de Normas Contables Gubernamentales (The Governmental Accounting Standards Board)

http://www.gasb.org

El Instituto de Auditores Internos (The Institute of Internal Auditors)

http://www.theiia.org

El Instituto de Contables Gerenciales (The Institute of Management Accountants)

http://www.imanet.org

La Asociación de Examinadores Certificados de Fraudes (The Association of Certified Fraud Examiners)

http://www.acfe.com

El Comité de Normas Internacionales de Contabilidad (The International Accounting Standards Board)

http://www.iasb.org

Sociedades y Comités de Contabilidad Estatal (State Accounting Societies and Boards)

http://www.aicpa.org/states/index.htm

Calculadoras Financieras (Financial Calculators)

http://www.bscspa.com/calcs/index.htm

http://www.fool.com/calcs/calculators.htm?source=LN

Cotizaciones de Acciones (Stock Quotes)

http:/quotes.nasdaq.com/asp/MasterDataEntry.asp?page=flashQuotes

Periódicos (Newspapers)

New York Times (www.nytimes.com)

Wall Street Journal (www.wsj.com)

Financial Times (www.ft.com)

Business Week (www.businessweek.com)

Forbes Magazine (www.forbes.com)

Repetimos: Ésta es sólo una lista como punto de partida. ¡Que se divierta navegando en la red!

B. Preguntas frecuentes sobre Contabilidad

¿Qué es la contabilidad?

El propósito de la contabilidad es aportar la información necesaria para que usted tome las decisiones correctas. Si es usted propietario de un negocio, la función de su contable es aportarle la información que usted necesita para hacerlo funcionar tan eficientemente como sea posible, logrando de forma simultánea la maximización de los beneficios y manteniendo sus costes bajos.

¿Qué es la teneduría de libros?

Se denomina teneduría de libros a la técnica de recopilar información originada en los negocios, clasificarla, sintetizarla y luego anotarla en registros especiales llamados libros de contabilidad.

En la actualidad, los libros de contabilidad prácticamente no existen como tales, sino que toman la forma de registros mantenidos en CD, DVD, pendrives, MP3 o dispositivos similares, pese a lo cual mantienen su nombre originario de libros. Los procedimientos para la teneduría de libros, para hacer los registros en ellos y para mantener la pista (trazabilidad) de las transacciones comerciales, permiten luego la elaboración de los tres estados financieros básicos que existen en el mundo de las empresas y que son conocidos como Balance General o de Situación, Estado de Pérdidas y Ganancias (también llamado de Resultados) y el Estado de Flujos de Efectivo.

¿Qué diferencia hay entre GAAP (en español, PCGA) y the GAP?

The Gap es una cadena de tiendas de ropa en los Estados Unidos, mientras que GAAP es el equivalente en inglés de los PCGA, es decir, los Principios de Contabilidad Generalmente Aceptados (o aquellas reglas que guían a los contables en su actividad de preparar y analizar los estados financieros).

¿Por qué es importante conocer las Normas Internacionales de Contabilidad?

La necesidad de conocer las Normas Internacionales de Contabilidad radica en que el mundo se hace cada vez más pequeño y los negocios se hacen cada vez más internacionales (incluyendo la pequeña empresa). En el caso del lector, ¿suele usted comprar repuestos fuera de Estados Unidos? ¿Vende productos o servicios fuera de los Estados Unidos? Las respuestas a estas preguntas serán afirmativas si usted está creciendo como empresa y ocupa un puesto competitivo en el mercado actual.

Los países se guían cada vez más por las Normas Internacionales de Contabilidad, en lugar de utilizar las normas de su propio país.

¿En qué se diferencian las normas internacionales de las normas de Estados Unidos?

Existen diferencias importantes en muchas áreas entre ambos conjuntos de reglas de contabilidad. Si bien el objetivo de la FASB es trabajar conjuntamente con el IASB para reducir esas diferencias en la medida de lo posible, el éxito de este trabajo dependerá también de que los gobiernos locales y los grupos industriales no aprueben sus propias reglas, de tal manera que aumenten las excepciones a las reglas del IASB.

¿Qué y cuáles son los principios de contabilidad generalmente aceptados?

Los principios de contabilidad generalmente aceptados son normas contables emitidas por instituciones con autoridad reconocida, derivadas de la práctica más frecuente y, por tanto, más recomendables. Son reglas extraídas de la propia práctica, avaladas por su habitualidad, respaldadas por un organismo solvente, amplio grado de difusión y orientadas hacia el cumplimiento de un objetivo contable concreto.

Los principios contables son los principios de Devengo, Uniformidad, Prudencia, No compensación, Importancia relativa y Empresa en funcionamiento.

¿Qué es la teneduría de libros?

Se denomina teneduría de libros a la técnica de recopilar información originada en los negocios, clasificarla, sintetizarla y luego anotarla en registros especiales llamados libros de contabilidad.

En la actualidad, los libros de contabilidad prácticamente no existen como tales, sino que toman la forma de registros mantenidos en CD, DVD, pendrives, MP3 o dispositivos similares, pese a lo cual mantienen su nombre originario de libros. Los procedimientos para la teneduría de libros, para hacer los registros en ellos y para mantener la pista (trazabilidad) de las transacciones comerciales, permiten luego la elaboración de los tres estados financieros básicos que existen en el mundo de las empresas y que son conocidos como Balance General o de Situación, Estado de Pérdidas y Ganancias (también llamado de Resultados) y el Estado de Flujos de Efectivo.

¿Cuáles son los estados financieros básicos?

Los estados financieros básicos incluyen: i) el balance general (o balance de situación); ii) el estado de ingresos y gastos (o cuenta de pérdidas y ganancias); iii) el estado de flujos de efectivo (o cash-flow), y; iv) el estado de cambios en el patrimonio neto.

¿Qué es un balance general o de situación?

Es un estado financiero en el cual se detallan todos los activos (bienes y derechos que se poseen), pasivos (deudas con terceros) y patrimonio neto de la empresa (capital y beneficios acumulados).

Imagínese usted haciendo una lista de todas las cosas que considera importantes. Junto con la lista, usted agrega valor a cada uno de los ítems anotados. A continuación, hace también una lista de todo lo que debe a terceros y de nuevo incorpora valores a cada uno de estos ítems. Luego resta ambas listas y usted ha creado los elementos básicos de un balance general o de situación. En una empresa, esa primera lista se llama activos. Los activos son los bienes y derechos de la empresa, y pueden ser de naturaleza circulante (corto plazo, corriente) o de naturaleza fija (largo plazo, no corriente). Su segunda lista corresponde a los ítems denominados pasivos (exigibles). Pasivo es lo que usted debe por los recursos que fueron incorporados al negocio en forma de bienes y derechos. Las personas a quienes la empresa debe dinero son usualmente denominadas acreedores. De la resta entre el activo y el pasivo surge el patrimonio neto.

¿Qué es un balance de comprobación de sumas y saldos?

Es un listado de todas las cuentas que aparecen en el Libro Mayor con un saldo distinto de cero. Este balance se suele preparar antes de la elaboración de los estados financieros para estar seguros de que las cuentas del balance están equilibradas (cuadradas) y que todos los asientos del Diario han sido ejecutados correcta y precisamente. Si el balance de comprobación no estuviese en equilibrio (es decir, que la suma de los débitos no fuese igual a la suma de los créditos), ello indicaría que se ha cometido algún error, ya sea al registrar la transacción en el Libro Diario, o en el traspaso de la transacción al Libro Mayor.

¿Qué es el estado de resultados?

El estado de resultados (también llamado de ingresos y gastos o cuenta de pérdidas y ganancias) presenta un resumen de los ingresos de la empresa (lo que la empresa ha ganado por la venta de sus mercancías, productos terminados o servicios) y los gastos (lo que se ha tenido que gastar la empresa para ganar esos ingresos) durante un específico período de tiempo, tal como un mes, un trimestre o un año. Este lapso de tiempo es conocido como período o ejercicio contable.

¿Qué es la contabilidad del devengo?

El concepto de acumulado o devengado hace referencia a cuándo deben reconocerse los ingresos y los gastos en el estado de resultados. Los ingresos deben reconocerse cuando hayan sido obtenidos o realizados (en el caso de nuestro ejemplo, cuando las bicicletas se hayan entregado al cliente) y los gastos cuando se haya incurrido en ellos (cuando las bicicletas se hayan comprado al proveedor, cuando se produzca el consumo de agua, de luz, de teléfono, de personal...), independientemente de cuándo se produzca el cobro o pago de efectivo correspondiente. A esto se le conoce en Contabilidad con el concepto de devengado.

¿Qué es un estado de flujos de efectivo?

El estado de flujos de efectivo muestra el flujo de efectivo dentro de una empresa -de dónde viene el efectivo y cómo se gasta durante el período cubierto por el informe (el cual generalmente corresponde a un mes, un trimestre o un año)-. Muestra también el flujo de efectivo de la empresa dividido en categorías de acuerdo con tres divisiones principales: operacionales, de inversión y de financiamiento. Este estado financiero es útil para usuarios, dueños de negocios, inversionistas y acreedores porque indica el tipo de transacción que origina cada uno de los flujos de efectivo.

¿Qué es el libro diario?

Es el libro en el cual se registran todos los asientos contables del período. Las transacciones se registran en el Libro Diario tan pronto como ocurren. La o las secciones de las cuentas que participan en la transacción y que resultan afectadas son: fecha de la operación; débito, crédito y la explicación de la transacción efectuada o concepto.

¿Qué es el libro mayor?

Es un libro que contiene una página (o varias) por cada cuenta que el negocio haya creado, de forma individualizada. Después de que una transacción ha sido registrada en el Libro Diario, los componentes son traspasados a las respectivas cuentas individuales del Libro Mayor. Por tanto, en cualquier momento es posible revisar las cuentas individuales del Libro Mayor para saber su saldo actual.

¿Qué es una sociedad anónima?

Las sociedades anónimas son entidades constituidas por uno o más accionistas, donde dos o más personas comparten la propiedad de un solo negocio o empresa. Estos propietarios pueden tomar parte en la dirección de la empresa o no. Muchos de estos accionistas son simples ciudadanos que invierten dinero en estas sociedades mediante las acciones de capital que han comprado.

En una sociedad anónima, una persona se convierte en propietario mediante la compra de acciones de capital, transformándose en un accionista. Los accionistas pueden tener o no derecho a voto en las decisiones que afectan a la empresa a largo plazo, dependiendo del tipo de acción que hayan comprado. Además, por el hecho de ser simplemente un accionista, ello no les da derecho a la toma de decisiones en las operaciones del día a día.

¿En qué consiste el análisis a corto y largo plazo de los estados contables?

Los estados contables o financieros de la empresa son muy útiles en el momento de identificar los motivos por los cuales la misma presenta una determinada situación, así como para evaluar el futuro a corto (usualmente definido como 12 meses o menos) o largo plazo.

La pregunta más importante a ser respondida cuando se evalúe el corto plazo o de la liquidez de una compañía es si estará o no en condiciones de pagar sus deudas a sus respectivas fechas de vencimiento en el corto plazo. Para ello, los recursos generados en el corto plazo han de superar a los compromisos a atender en ese período. De la misma forma, cuando se analiza el largo plazo o solvencia de la empresa, la cuestión es saber si la empresa estará o no en condiciones de pagar sus compromisos a largo plazo con los recursos generados en ese horizonte temporal.

¿Qué es un presupuesto?

El presupuesto es un plan detallado que traza las expectativas futuras de una entidad y las expresa en términos cuantitativos. En la contabilidad, los presupuestos pueden ser utilizados por una diversidad de razones. Usted puede utilizarlos para planificar y controlar sus futuros ingresos y gastos; o puede usar los presupuestos para los futuros desembolsos de capital, los que debieran mostrar cuándo la empresa planea comprar activos a largo plazo y de dónde provendrán los fondos para ello.

Los términos «planificar» y «controlar» a menudo se usan como intercambiables en sentido contable, pero se trata en verdad de dos conceptos realmente distintos. Planificar es el proceso de idear acciones que permitan el logro de los objetivos futuros y la elaboración de presupuestos que permitan alcanzar esos objetivos. El control, por otra parte, involucra asegurar que los objetivos establecidos en la fase de planificación se logren. Un buen sistema presupuestario toma en cuenta tanto la planificación como el control. La frase «Planificar sin controlar no tiene sentido» refleja de forma absolutamente exacta esta idea básica de la administración.

¿Qué es una auditoría de los estados contables?

Se entenderá por auditoría contable o de cuentas la actividad, realizada por una persona cualificada e independiente, consistente en analizar, mediante la utilización de las técnicas de revisión y verificación idóneas, la información económico-financiera deducida de los documentos contables examinados, y que tiene como objeto la emisión de un informe dirigido a poner de manifiesto su opinión responsable sobre la fiabilidad de la citada información, a fin de que se pueda conocer y valorar dicha información por terceros. Dicho de otra manera, la auditoría de las cuentas anuales consistirá en verificar y dictaminar si dichas cuentas expresan la imagen fiel del patrimonio y de la situación financiera de la empresa o entidad auditada, así como el resultado de sus operaciones, de acuerdo con los principios y normas de contabilidad generalmente aceptados

¿Qué es fraude y qué es ética?

Hay que diferenciar entre fraude y malversación de fondos. El fraude se define como un engaño o una manipulación intencionada de datos financieros para el beneficio propio de un individuo, que a menudo es un empleado de confianza. Por otro lado, la malversación se define como el hecho de sustraer los fondos o propiedades de un contratante, empresa o gobierno, o el desvío de dinero o activos mantenidos en fideicomiso. Por ética se entiende la habilidad de tomar la decisión correcta cuando existe una presión para hacer lo contrario.

C. Estados financieros de la empresa Coca-Cola

Independent Auditor's report

Introduction
We have audited the consolidated financial statements of Coca-Cola HBC AG, ('the Company'), for the year ended 31 December 2015, which comprise the Consolidated Balance Sheet, the Consolidated Income Statement, the Consolidated Statement of Comprehensive Income, the Consolidated Statement of Changes in Equity, the Consolidated Statement of Cash Flows and a summary of significant accounting policies and other explanatory information. The financial reporting framework that has been applied in their preparation is applicable law and International Financial Reporting Standards ('IFRSs') as issued by the International Accounting Standards Board ('IASB').

Directors' responsibility for the financial statements
As explained more fully in the Statement of Directors' Responsibilities set out in the Company's 2015 Integrated Annual Report, the Directors are responsible for the preparation of the consolidated financial statements and for being satisfied that they give a true and fair view, and for such internal control as the Directors determine is necessary to enable the preparation of consolidated financial statements that are free from material misstatement, whether due to fraud or error.

Auditor's responsibility
Our responsibility is to express an opinion on the consolidated financial statements based on our audit. We conducted our audit in accordance with International Standards on Auditing ('ISA'). Those Standards require that we comply with ethical requirements and plan and perform the audit to obtain reasonable assurance about whether the consolidated financial statements are free from material misstatement.

An audit involves performing procedures to obtain evidence about the amounts and disclosures in the consolidated financial statements. The procedures selected depend on the auditor's judgement, including the assessment of the risks of material misstatement of the consolidated financial statements, whether due to fraud or error. In making those risk assessments, the auditor considers internal control relevant to the Company's preparation of financial statements that give a true and fair view in order to design audit procedures that are appropriate in the circumstances, but not for the purpose of expressing an opinion on the effectiveness of the entity's internal control. An audit also includes evaluating the appropriateness of accounting policies used and the reasonableness of accounting estimates made by the Directors, as well as evaluating the overall presentation of the consolidated financial statements.

We believe that the audit evidence we have obtained is sufficient and appropriate to provide a basis for our audit opinion.

This report, including the opinion, has been prepared for and only for the Company for the purpose of the Disclosure and Transparency Rules and the Listing Rules of the Financial Conduct Authority and for no other purpose. We do not, in giving this opinion, accept or assume responsibility for any other purpose or to any other person to whom this report is shown or into whose hands it may come save where expressly agreed by our prior consent in writing.

Opinion on financial statements
In our opinion the consolidated financial statements:

- give a true and fair view of the state of the Company's affairs as at 31 December 2015 and of its profit and cash flows for the year then ended; and
- have been properly prepared in accordance with IFRSs as issued by the IASB.

Matters on which we are required to report by exception
Under the Listing Rules we are required to review the part of the Corporate Governance section relating to the Company's compliance with eleven provisions of the UK Corporate Governance Code (the "Code"). We have nothing to report having performed our review.

Other matters
We have reviewed the statement on going concern, included in the Statement of Directors' Responsibilities, in the Company's 2015 Integrated Annual Report, as if the Company were a UK incorporated premium listed entity. We have nothing to report having performed our review.

As noted in the Statement of Directors' Responsibilities, the Directors have concluded that it is appropriate to prepare the financial statements using the going concern basis of accounting. The going concern basis presumes that the Company has adequate resources to remain in operation, and that the Directors intend it to do so, for at least one year from the date the financial statements are signed. As part of our audit we have concluded that the Directors' use of the going concern basis is appropriate.

However, because not all future events or conditions can be predicted, these statements are not a guarantee as to the Company's ability to continue as a going concern.

We have also reviewed the Directors' statement in relation to the longer-term viability of the Company, set out on page 61. Our review was substantially less in scope than an audit and only consisted of making inquiries and considering the Directors' process supporting their statement; checking that the statement is in alignment with the relevant provisions of the Code; and considering whether the statement is consistent with the knowledge acquired by us in the course of performing our audit. We have nothing to report having performed our review.

Marios Psaltis
the Certified Auditor, Reg. No. 38081
for and on behalf of PricewaterhouseCoopers S.A.
Certified Auditors, Reg. No. 113
Athens, Greece

17 March 2016

Notes:
(a) The maintenance and integrity of the Coca-Cola HBC AG website is the responsibility of the directors; the work carried out by the auditors does not involve consideration of these matters and, accordingly, the auditors accept no responsibility for any changes that may have occurred to the consolidated financial statements since they were initially presented on the website.
(b) Legislation in UK and Switzerland governing the preparation and dissemination of consolidated financial statements may differ from legislation in other jurisdictions.

Financial statements

Consolidated Balance Sheet

	Note	As at 31 December 2015 € million	2014 € million
Assets			
Intangible assets	4	**1,911.6**	1,884.8
Property, plant and equipment	5	**2,545.5**	2,624.1
Equity method investments	6	**113.8**	227.5
Derivative financial instruments	7	**6.6**	0.9
Deferred tax assets	8	**56.3**	40.0
Other non-current assets	9	**31.4**	39.6
Total non-current assets		**4,665.2**	**4,816.9**
Inventories	10	**435.8**	414.2
Trade, other receivables and assets	11	**909.5**	940.0
Derivative financial instruments	7	**16.9**	53.0
Current tax assets		**12.9**	17.6
Cash and cash equivalents	13	**487.4**	636.3
		1,862.5	**2,061.1**
Assets classified as held for sale	12	**5.5**	1.0
Total current assets		**1,868.0**	**2,062.1**
Total assets		**6,533.2**	**6,879.0**
Liabilities			
Borrowings	14	**781.5**	548.6
Derivative financial instruments	7	**40.9**	52.1
Trade and other payables	15	**1,503.6**	1,473.7
Provisions and employee benefits	16	**86.8**	62.9
Current tax liabilities		**78.1**	58.6
Total current liabilities		**2,490.9**	**2,195.9**
Borrowings	14	**923.0**	1,556.3
Derivative financial instruments	7	**14.5**	34.2
Deferred tax liabilities	8	**132.0**	137.4
Provisions and employee benefits	16	**141.5**	150.2
Other non-current liabilities		**7.2**	13.9
Total non-current liabilities		**1,218.2**	**1,892.0**
Total liabilities		**3,709.1**	**4,087.9**
Equity			
Share capital	17	**2,000.1**	1,998.1
Share premium	17	**5,028.3**	5,157.6
Group reorganisation reserve	17	**(6,472.1)**	(6,472.1)
Treasury shares	18	**(132.0)**	(70.7)
Exchange equalisation reserve	18	**(681.4)**	(615.3)
Other reserves	18	**260.4**	259.7
Retained earnings		**2,816.5**	2,529.7
Equity attributable to owners of the parent		**2,819.8**	**2,787.0**
Non-controlling interests		**4.3**	4.1
Total equity		**2,824.1**	**2,791.1**
Total equity and liabilities		**6,533.2**	**6,879.0**

The accompanying notes form an integral part of these consolidated financial statements.

Consolidated Income Statement

	Note	Year ended 31 December 2015 € million	2014 € million
Net sales revenue	3	**6,346.1**	6,510.2
Cost of goods sold		**(4,018.7)**	(4,192.5)
Gross profit		**2,327.4**	**2,317.7**
Operating expenses	19	**(1,855.2)**	(1,901.4)
Restructuring costs	19	**(54.0)**	(55.2)
Operating profit	3	**418.2**	**361.1**
Finance income		**9.5**	10.0
Finance costs		**(77.7)**	(80.5)
Loss on net monetary position	20	**–**	(2.4)
Total finance costs, net	20	**(68.2)**	(72.9)
Share of results of equity method investments	6	**7.1**	63.8
Profit before tax		**357.1**	**352.0**
Tax	3,21	**(76.4)**	(57.8)
Profit after tax		**280.7**	**294.2**
Attributable to:			
Owners of the parent		**280.3**	294.8
Non-controlling interests		**0.4**	(0.6)
		280.7	**294.2**
Basic and diluted earnings per share (€)	22	**0.77**	0.81

The accompanying notes form an integral part of these consolidated financial statements.

Coca-Cola HBC – 2015 Integrated Annual Report

Financial statements continued

Consolidated Statement of Comprehensive Income

		Year ended 31 December		
		2015 € million		2014 € million
Profit after tax		280.7		294.2
Other comprehensive income:				
Items that may be subsequently reclassified to income statement:				
Available-for-sale financial assets:				
Valuation gains/(losses) during the year		0.1		(0.6)
Cash flow hedges:				
Amounts of (losses)/gains during the year	(5.2)		5.4	
Amounts of losses reclassified to profit and loss for the year	4.6		7.4	
Transfers to inventory for the year	(19.7)	(20.3)	(6.4)	6.4
Foreign currency translation		(65.8)		(322.0)
Share of other comprehensive income of equity method investments		(0.2)		–
Income tax relating to items that may be subsequently reclassified to income statement (refer to Note 23)		5.5		(6.6)
		(80.7)		(322.8)
Items that will not be subsequently reclassified to income statement:				
Actuarial gains/(losses)		11.1		(38.7)
Income tax relating to items that will not be subsequently reclassified to income statement (refer to Note 23)		(2.9)		6.6
		8.2		(32.1)
Other comprehensive income for the year, net of tax (refer to Note 23)		(72.5)		(354.9)
Total comprehensive income for the year		208.2		(60.7)
Total comprehensive income attributable to:				
Owners of the parent		207.8		(60.1)
Non-controlling interests		0.4		(0.6)
		208.2		(60.7)

The accompanying notes form an integral part of these consolidated financial statements.

Consolidated Statement of Changes in Equity

	Attributable to owners of the parent									
	Share capital € million	Share premium € million	Group reorganisation reserve € million	Treasury shares € million	Exchange equalisation reserve € million	Other reserves € million	Retained earnings € million	**Total € million**	Non-controlling interests € million	**Total equity € million**
Balance as at 1 January 2014	1,997.4	5,287.1	(6,472.1)	(70.7)	(293.3)	388.7	2,125.1	**2,962.2**	5.1	**2,967.3**
Shares issued to employees exercising stock options	0.7	0.7	–	–	–	–	–	**1.4**	–	**1.4**
Share-based compensation:										
Options	–	–	–	–	–	12.1	–	**12.1**	–	**12.1**
Movement in shares held for equity compensation plan	–	–	–	–	–	(2.3)	–	**(2.3)**	–	**(2.3)**
Share of other changes in equity of equity method investments	–	–	–	–	–	–	(0.5)	**(0.5)**	–	**(0.5)**
Appropriation of reserves	–	–	–	–	–	(138.0)	138.0	**–**	–	**–**
Hyperinflation impact	–	–	–	–	–	–	3.2	**3.2**	–	**3.2**
Dividends	–	(130.2)	–	–	–	–	1.2	**(129.0)**	(0.4)	**(129.4)**
	1,998.1	**5,157.6**	**(6,472.1)**	**(70.7)**	**(293.3)**	**260.5**	**2,267.0**	**2,847.1**	**4.7**	**2,851.8**
Profit for the year net of tax	–	–	–	–	–	–	294.8	**294.8**	(0.6)	**294.2**
Other comprehensive income for the year, net of tax	–	–	–	–	(322.0)	(0.8)	(32.1)	**(354.9)**	–	**(354.9)**
Total comprehensive income for the year, net of tax[1]	–	–	–	–	(322.0)	(0.8)	262.7	**(60.1)**	(0.6)	**(60.7)**
Balance as at 31 December 2014	**1,998.1**	**5,157.6**	**(6,472.1)**	**(70.7)**	**(615.3)**	**259.7**	**2,529.7**	**2,787.0**	**4.1**	**2,791.1**

1. The amount included in the exchange equalisation reserve of €322.0m loss for 2014 represents the exchange loss attributable to the owners of the parent.
   The amount included in other reserves of €0.8m loss for 2014 consists of loss on valuation of available-for-sale financial assets of €0.6m, cash flow hedges gain of €6.4m (of which €5.4m represents revaluation gain for the year, €7.4m represents revaluation losses reclassified to profit and loss for the year, and €6.4m represents revaluation gain reclassified to inventory for the year) and the deferred tax expense thereof amounting to €6.6m.
   The amount of €262.7m profit comprises profit for the year of €294.8m, plus actuarial loss of €38.7m, less a deferred tax income of €6.6m.
   The amount of €0.6m loss included in non-controlling interests for 2014 represents the share of non-controlling interests in retained earnings.

The accompanying notes form an integral part of these consolidated financial statements.

Financial statements continued

Consolidated Statement of Changes in Equity continued

	Attributable to owners of the parent									
	Share capital € million	Share premium € million	Group reorganisation reserve € million	Treasury shares € million	Exchange equalisation reserve € million	Other reserves € million	Retained earnings € million	**Total € million**	Non-controlling interests € million	**Total equity € million**
Balance as at 1 January 2015	1,998.1	5,157.6	(6,472.1)	(70.7)	(615.3)	259.7	2,529.7	**2,787.0**	4.1	**2,791.1**
Shares issued to employees exercising stock options	2.0	3.1	–	–	–	–	–	**5.1**	–	**5.1**
Share-based compensation:										
Options and performance shares	–	–	–	–	–	8.8	–	**8.8**	–	**8.8**
Movement in shares held for equity compensation plan	–	–	–	(0.6)	–	1.3	–	**0.7**	–	**0.7**
Acquisition of treasury shares	–	–	–	(58.5)	–	–	–	**(58.5)**	–	**(58.5)**
Appropriation of reserves	–	–	–	(2.2)	–	5.2	(3.0)	**–**	–	**–**
Dividends	–	(132.4)	–	–	–	–	1.3	**(131.1)**	(0.2)	**(131.3)**
	2,000.1	**5,028.3**	**(6,472.1)**	**(132.0)**	**(615.3)**	**275.0**	**2,528.0**	**2,612.0**	**3.9**	**2,615.9**
Profit for the year net of tax	–	–	–	–	–	–	280.3	**280.3**	0.4	**280.7**
Other comprehensive income for the year, net of tax	–	–	–	–	(66.1)	(14.6)	8.2	**(72.5)**	–	**(72.5)**
Total comprehensive income for the year, net of tax[2]	–	–	–	–	(66.1)	(14.6)	288.5	**207.8**	0.4	**208.2**
Balance as at 31 December 2015	**2,000.1**	**5,028.3**	**(6,472.1)**	**(132.0)**	**(681.4)**	**260.4**	**2,816.5**	**2,819.8**	**4.3**	**2,824.1**

2. The amount included in the exchange equalisation reserve of €66.1m loss for 2015 represents the exchange loss attributable to the owners of the parent.

The amount included in other reserves of €14.6m loss for 2015 consists of gain on valuation of available-for-sale financial assets of €0.1m, cash flow hedges losses of €20.3m (of which €5.2m represents revaluation loss for the year, €4.6m represents revaluation loss reclassified to profit and loss for the year and €19.7m represents revaluation gain reclassified to inventory for the year), €0.1m gain relating to share of other comprehensive income of equity method investments and the deferred tax income thereof amounting to €5.5m.

The amount of €288.5m profit comprises profit for the year of €280.3m, plus actuarial gains of €11.1m, less a deferred tax expense of €2.9m.

The amount of €0.4m gain included in non-controlling interests for 2015 represents the share of non-controlling interests in retained earnings.

For further details, please refer to: Note 17 Share capital, share premium and Group reorganisation reserve; Note 18 Reserves; Note 24 Shares held for equity compensation plan; Note 25; Stock option and performance shares compensation plans; and Note 27; Dividends.

The accompanying notes form an integral part of these consolidated financial statements.

Consolidated Cash Flow Statement

	Note	Year ended 31 December 2015 € million	2014 € million
Operating activities			
Profit after tax		**280.7**	294.2
Total finance costs, net	20	**68.2**	72.9
Share of results of equity method investments	6	**(7.1)**	(63.8)
Tax charged to the income statement	3,21	**76.4**	57.8
Depreciation of property, plant and equipment	5	**308.1**	336.4
Impairment of property, plant and equipment	5	**32.1**	32.4
Employee stock options and performance shares	25	**8.8**	12.1
Amortisation of intangible assets	3,4	**0.4**	0.4
Other items		**(1.3)**	(0.3)
		766.3	**742.1**
Loss/(gain) on disposals of non-current assets		**1.8**	(1.8)
Increase in inventories		**(37.1)**	(38.0)
Increase in trade and other receivables		**(13.8)**	(53.9)
Increase in trade and other payables		**94.8**	106.9
Tax paid		**(72.7)**	(69.0)
Net cash from operating activities		**739.3**	**686.3**
Investing activities			
Payments for purchases of property, plant and equipment		**(331.5)**	(362.6)
Payments for purchases of intangible assets	4,32	**–**	(14.1)
Proceeds from sales of property, plant and equipment		**17.8**	23.0
Net receipts from investments	6,32	**120.9**	6.6
Loans to related parties		**(2.7)**	–
Interest received		**9.5**	10.0
Net cash used in investing activities		**(186.0)**	**(337.1)**
Financing activities			
Share buy-back payments	18	**(58.5)**	–
(Payments)/proceeds for shares held by non-controlling interests	26	**(1.2)**	2.6
Proceeds from shares issued to employees exercising stock options	17	**5.1**	1.4
Dividends paid to owners of the parent	27	**(131.1)**	(129.0)
Dividends paid to non-controlling interests	27	**(0.2)**	(0.4)
Proceeds from borrowings		**742.7**	1,137.9
Repayments of borrowings		**(1,162.7)**	(1,347.2)
Principal repayments of finance lease obligations		**(13.8)**	(14.0)
Interest paid		**(69.5)**	(91.3)
Net cash used in financing activities		**(689.2)**	**(440.0)**
Net decrease in cash and cash equivalents		**(135.9)**	**(90.8)**
Movement in cash and cash equivalents			
Cash and cash equivalents at 1 January		**636.3**	737.5
Net decrease in cash and cash equivalents		**(135.9)**	(90.8)
Effect of changes in exchange rates		**(13.0)**	(11.4)
Hyperinflation impact on cash		**–**	1.0
Cash and cash equivalents at 31 December	13	**487.4**	**636.3**

The accompanying notes form an integral part of these consolidated financial statements.

Made in the USA
Monee, IL
11 April 2026

48167309R00125